인스타그램으로
SNS마케팅을
선점하라

나비의 활주로

저·자·서·문

이미지 시대의 대세 SNS,
인스타그램을 선점하라

'인연은 먼 길을 둘레둘레 돌아오는 산책길 같은 것'
　이는 어느 블로그에서 읽었던 글귀이다. 이 글을 적으면서 창밖을 내다보니 봄기운이 완연하다. 나는 지금 길고 긴 산책길 중 어디쯤을 걷고 있는 것일까? 돌이켜 보면 몇 해 전의 나는 '약간의' 엄두를 냈던 것 같다. 늘 걷던 익숙한 산책길에서 우연히 다른 길에 들어서 보고 싶다는 호기심을 가졌었고, 망설이지 않고 그리로 걷기 시작하곤 했다.
　프로스트의 시, 〈가지 않은 길〉의 화자처럼 아쉬워하지 않고 그냥 걸어갔을 뿐이다. 그 길에 어떤 것이 숨겨져 있을지도 알지 못했고, 혹은 괜한 시간만 허비하는 헛걸음이 될지도 모른다는 걱정도 있었지만 '그냥' 가보기로 했었다. 다시 돌아와야 하더라도 가본만큼의 경험이 쌓여있을 것이기 때문이었다.

돌이켜보니 그때 아주 좋은 선택을 했던 것 같다. 그 길에서 아주 소중한 인연들을 만났고 그 인연들 덕분에 평범한 회사마케터에서 프리랜서 강사로, 술집 사장으로 살아올 수 있었다. 그리고 이제 저자라는 가보지 않은 떨리는 새로운 길을 걸어보려고 한다.

가진 것이 많지 않았고 아는 것이 많지 않았던 때 줄일 수 있는 것이 잠뿐이었던 나였기에, 24시간을 48시간처럼 보내야만 했다. 매일 3시간씩 자던 때였음에도 불구하고 이 일을 할 수 있음에 정말로 감사했다. 나를 찾아주는 곳이 있어서, 그곳에서 인정 받을 수 있음에 더욱 감사했다. 그 감사함과 경험의 시간이 쌓인 결과물이 이 책이라는 것을 밝힌다.

《인스타그램으로 SNS마케팅을 선점하라》에는 지난 몇 년간 내가 온라인 마케팅 전문가로서 고민하고 경험하며 직접 실험하며 쌓아온 노하우가 고스란히 담겨 있다. 이런 경험들이 집약된 이 책에서 온라인 마케팅이나 혹은 블로그 마케팅이 아니라 '인스타그램'이라는 새로운 SNS를 다루고 있는 이유는 온라인이라는 공간에는 뚜렷한 흐름이 존재하고, 유행이 있기 때문이다. 온라인이라는 거대한 공간은 이제 이미지의 시대에 접어들었으며 인스타그램을 주목해야 하는 이유 또한 거기에 있다.

지금은 헤밍웨이의 텍스트보다 이름 모를 네티즌이 찍어 올린 사진 한 장이 더 큰 반향을 일으키는 시대이다. 그것을 옳으니 그르니 하는 것은 큰 의미가 없다. 그냥 시대가 그렇게 변했으니 거기에 적응하는 것이 우선이다. 시대가 이미지를 요구하고 있으니 온라인을 비즈니스나 마케팅적인 목적으로 사용하기 위해서 가장 중요하게 생각해야 하는 것 중 하나는 인스타그램이 될 수밖에 없다.

인스타그램이 마케팅적 관점에서 주목할 만한 가치가 있는 또 다른 이유는 온라인상에서 모두가 동등하다는 점이다. 대기업이든 허름한 뒷골목의 작은 분식점이든, 개인이든 회사이든, 인스타그램은 누구에게나 '거의 동등한 가능성'이라는 기회를 주고 있기 때문이다. 그 동등한 가능성 속에서 부디 이 책을 읽는 독자들이 한시라도 빨리 인스타그램을 선점하시길 간절히 소망한다.

이 책은 나만의 순수한 창작물이라 할 수 없다. 이미 나와 있는 다양한 마케팅 책과 지식이 그 바탕에 있으며 이 책이 나올 수 있도록 믿어주고, 도움을 주신 모든 분들이 있었기에 출간될 수 있었다. 강사로서 저자로서 사장으로서의 나를 늘 믿고 격려해주신 모든 분들께 진심으로 감사드린다. 이제는 우리에게 조금은 익숙해졌지만 여전히 아직은 미지의 영역인 인스타그램이라는 채널이 이 책을 통해 독자분들의 삶에 조금이라도 가까워지길 기원한다.

정진수

차 | 례

저자서문 _ 이미지 시대의 대세 SNS, 인스타그램을 선점하라 · 4
프롤로그 _ 왜 지금 마케팅은 인스타그램에 주목하는가 · 12

Part 1
인스타그램,
이미지로 모든 것을 말한다

01 _ 인스타그램이란 대체 무엇인가? · 25
02 _ 이미지의 힘, 핫하고 강하다 · 29
03 _ 인스타그램 마케팅, 선점 효과 가능하다 · 39
04 _ 니즈와 원츠 그리고 해시태그 · 47

Part 2
인스타그램 마케팅,
왜 지금 시작해야 할까

01 _ 이 시대가 원하는 SNS, 인스타그램 · 55
02 _ 헤밍웨이 보다 사진 한 장의 힘이 센 이미지 전성시대 · 68
03 _ 폴라로 살펴보는 인스타그램의 무한 가능성 · 72
04 _ 비주얼 마케팅에 최적인 마케팅 툴 · 82
05 _ 객관적으로 증명된 인스타그램 마케팅의 효과 · 96

Part 3
사례로 파헤쳐보는 실전, 인스타그램 마케팅

01 _ 선점효과를 톡톡히 누릴 수 있는 최고의 홍보법 · 107
  가. 마케팅과 세일즈의 차이를 아시나요? · 110
  나. 원하는 고객에게만 빠르고 확실하게 전달한다 · 119
  다. 함께 느끼는 감정, 점점 더 돈독해지는 관계 · 120

02 _ 마케팅 채널로써의 인스타그램 해부 · 127
  가. 무한 가능성 그리고 어쩔 수 없는 한계들 · 128
  나. 알고리즘의 지속적인 변화를 주목하라 · 129

03 _ 인스타그램을 활용한 다양한 마케팅 사례 분석 · 136
  가. 스타벅스 – 좋아요 284k, 스타벅스 다이어리 스탬프 투어 · 137
  나. 포에버21 – 해시태그 변경과 댄스 테마 · 140
  다. 9Gag – 나는 놈 위에 타고가는 놈 있다 · 143

04 _ 업종별 인스타그램 마케팅 가상 사례 · 146
  가. 출판사 – 책과 옷의 컬래보레이션 · 147
  나. 패션브랜드 – 고객들이 만드는 브랜드 룩북 · 151
  다. 외식업 – 명함 말고는 알 수 있는 게 없다고요? · 153

05 _ 프로젝트 숍, 홍콩비어 안양점으로 확인한 마케팅 효과 · 160

Part 4

신뢰야말로 인스타그램 마케팅의 모든 것이다

- **01 _ 왜 네이버블로그는 안 믿어도, 인스타그램은 믿을까?** · 167
- **02 _ 핵심은 언제나 콘텐츠이다** · 175
    - 가. 콘텐츠는 알고리즘도 뛰어넘는다 · 178
    - 나. 인스타그램의 사랑받는 콘텐츠란 이런 것 · 182
    - 다. 마음을 울리는 키워드 유머, 공감, 안타까움 · 183
- **03 _ 늘 도사리는 위기, 어떻게 관리해야 할까?** · 190

Part 5

인스타그램 A to Z 직접 해보기

- **01 _ 첫 번째 관문, 회원 가입하기** · 197
- **02 _ 두 번째 관문, 프로필 설정하기** · 201
- **03 _ 인스타그램 메뉴를 파헤쳐 보자** · 203
    - 가. 최신 글과 인기게시물의 차이 · 204
    - 나. 해시태그로 검색하는 방법 · 207
- **04 _ 인스타그램의 키포인트, 해시태그의 모든 것** · 210
- **05 _ 팔로워와 팔로잉: 선팔, 맞팔, 언팔** · 215

06 _ 사진 올리는 방법 및 설정하기 · 221
07 _ 인스타그램 사진기법 · 223
    가. 괜찮은 이미지를 만드는 방법들 · 224
    나. 비디오 스토리텔링 기법 · 233
08 _ 인스타그램 글쓰기의 핵심 · 236
    가. 해시태그로 글쓰기 · 237
    나. 글쓰기도 마케팅이다 · 239

케이스 스터디
얼쑤와 함께하는
인스타그램 마케팅 워크숍

01 _ 온라인 마케팅 강사가 오프라인 매장을 열게 된 이유 · 246
    스텝 1. 1~20대 위주의 상권, 안양1번가 분석 · 248
    스텝 2. 타겟팅에 성공한 인스타그램 마케팅 · 249
    스텝 3. 인스타그램을 통한 실시간 리마케팅 · 252
02 _ 진수 씨도 놀란 앰부시 마케팅, 진수 씨 맥주 사주세요 · 256

프·롤·로·그

왜 지금 마케팅은
인스타그램에 주목하는가

    나는 지금 원고 작업을 위해서 잠시 커피숍에 앉아있다. 아마 내 인스타그램Instagram을 눈팅하고 있을 누군가는 '웬 허세?'라고 눈을 흘길지도 모를 일이겠지만, 이 잠깐의 여유로운 시간에서도 본능적으로 마케터인 내 머릿속은 바쁘게 움직인다. 대한민국 마케팅 현장은 언제나 치열하고 뜨거우며 점점 더 그 강도는 거세지고 있기 때문이다. 이런 상황의 중심에 서 있기에 하루도 긴장을 늦출 수 없다.

    가끔 '어쩌면 우리 모두는 무언가를 팔아야만 하는 운명이 아닐까?' 하는 생각을 하게 된다. 눈에 보이는 제품이든 보이지 않는 서비스이든 혹은 재능이든 무엇이든 말이다. 이는 현대문명의 편리함을 누리며 사는 데 필요한 대가가 아닐까 싶다. 그동안 나는 블로그와 페이스북, 카카오 스토리 등의 다양한 SNS에 대한 강의와 컨설팅을 해왔다. 그러면서 갖게 된 확신은 '이제는 SNS 마케팅을 절대로 외면해서는 안 된다'는 것이다. 이것이야말로 현대문명이 우리에게 베풀어 주고 있는 편리한 혜택이자 큰 위협이며 동시에 대단한 가능성이다.

SNS 마케팅은 대기업이든 허름한 뒷골목의 작은 분식점이든 심지어 개인이든 누구에게나 거의 동등한 가능성이라는 기회를 주고 있다. 이것이 바로 인터넷이라는 공간의 힘이다. 온라인 마케팅 전문가인 필자는 '이제는 인스타그램에 주목하셔야 합니다'라고 단언할 수 있다. 가장 성공의 가능성이 크고 트렌디한 마케팅 도구를 외면해서야 되겠는가.

예를 하나 들어보겠다. 인기 개그맨 박명수는 요즘 입버릇처럼 "내 인스타 팔로우해!"라며 버럭거린다고 한다. 자신의 인스타그램을 팔로잉하라는 말을 호통 개그로 표현한 것이다. 이는 바로 100만 팔로워 때문이다. 한 인터넷 매체는 이를 두고 SNS 집착남이라는 제목의 기사[1]를 올리기도 했다. 박명수의 "팔로우 해!"라는 행동은 인스타그램을 마케팅에 활용하고자 하는 이들에게 훌륭한 사례가 된다. 어떻게 하면 인스타그램을 통해서 마케팅 목표를 달성할 수 있는가에 대한 귀중한 힌트가 될 수 있다.

이 사례에서 우리가 궁금해야 하는 것은 '왜 그는 그렇게 100만

---

1) http://enews24.interest.me/news/article.asp?nsID=817122

○ 인스타그램 팔로워 100만 명에 집착하고 있는 박명수.
파일명 mnet DJ Park

팔로워 달성에 애를 쓰고 있을까?' 하는 점이다. 그 이유는 한 매체의 기사를 통해 짐작할 수 있는데, 외국의 유명한 음반회사인 EDM 레이블 스피닝 레코드에 자기 자신을 어필하기 위해서이다.

DJ G-PARK이라는 이름의 DJ로도 활동 중인 박명수는 세계적인 일렉트로닉 DJ가 되겠다는 꿈을 갖고 있다. 국민 예능 〈무한도전〉의 터줏대감이자 이미 남부러울 것 없는 부와 명예를 가지고 있는 그가, 호통개그맨의 이미지가 아니라 친절한 미소로 동료 연예인들과 인증사진을 찍어 올리는 이유는 그 때문이다. EDM 레이블 스피닝 레코드사는 세계적인 일렉트로닉 DJ라는 꿈을 달성하는 데 있어 굉장히 중요한 곳이다. 따라서 어떤 방법을 통해서든 그 회사가 박명수, 아니 DJ G-PARK을 주목하고 그의 가능성을 높게 평가하도록 만들 필요가 있다. 그리고 이를 위해 그가 선택한 수단이 바로 인스타그램으로, 이는 목표달성을 위한 수단인 셈이다.

그가 인스타그램 팔로워에 집착하는 이유는 바로 필자가 "이제는 인스타그램에 주목하셔야 합니다"라고 말하고 다니는 이유와 같다. 인스타그램이라는 SNS가 앞에서 말한 거의 동등한 가능성을 가질 수 있게 하는 비장의 무기이기 때문이다. 무명의 한 사람도 어느 날 갑자기 전 세계적인 유명인사가 될 수 있고, 뒷골목의 작고 허름한 분식집이 내로라하는 대기업 브랜드와 경쟁하고 해외 언론에서도 취재를 오는 명소가 될 수도 있다. 바로 인스타그램을 통해서 말이다.

먼저 인스타그램 팔로워 숫자에 집착하고 있는 박명수의 사례를 좀 더 자세히 들여다보도록 하자. 인스타그램 팔로워 100만 명 만들기는 그가 세운 마케팅 목표 달성을 위한 중간 목표점이다. 100만 명의 팔로워를 갖게 되면 세계적인 일렉트로닉 DJ가 된다는 최종적인 목표에 도달할 수 있는 중요한 분기점이 될 수 있기 때문이다.

이처럼 성공적인 마케팅 활동은 목표가 무엇인가를 분명히 하는 것에서 시작한다. 귀중한 돈과 시간, 인력과 같은 자원들을 동원해서 마케팅하려는 이유가 확실해야 그 활동의 효과가 제대로 나타날 수 있다. 그렇다면 "인스타 팔로우해!"라며 버럭 하는 박명수의 행동도 마케팅 전략의 측면에서 분석해 보자.

그는 이미 마케팅 활동을 하고 있다. 목표를 가지고, 그것을 달성하기 위한 수단을 적극적으로 활용하기 때문이다. 목표는 기사에서 나온 것처럼 외국의 유명 레코드 회사에 자신의 DJ 브

○ DJ G-PARK, 파일명 : DJ G-PARK LA
https://www.instagram.com/p/-qlGvrpfJd/

랜드인 DJ G-PARK을 어필하는 것이다. EDM 레이블 스피닝 레코드에서 주목받는 DJ가 될 수 있다면 세계적인 DJ라는 박명수의 목표도 더 이상 꿈이 아니다.

이렇게 마케팅 전략의 목표가 정해졌다면 그것을 달성할 수 있게 해주는 방법이 나와야 한다. '어떻게 하면 인스타그램 팔로워 100만 명을 만들 수 있을까?'에 대한 구체적인 행동지침 말이다. 그가 동료 연예인들과 친근한 웃음으로 인증사진을 찍는 것은 그런 방법의 하나이다. 만약 EDM 레이블 스피닝 레코드가 박명수라는 개그맨을 잘 알고 있다면 굳이 인스타그램 팔로워를 100만 명이나 만들 필요도 없고, 우리나라 사람이라면 누구나 아는 그만의 호통개그를 버릴 이유도 없을 것이다.

마케팅의 관점에서 더 분석을 해보자면 박명수가 틈나는 대로 동료 연예인들과 인증사진을 찍는 것은 일종의 증언식 광고 Testimonial Advertise라고 볼 수 있다. 함께 인증사진을 찍은 사람들의 평판과 인지도를 활용할 수 있다. 그리고 동료 연예인들의 팔로워들이 자신을 팔로우할 확률도 물론 높으니 일거양득이다. 이를테면 샤넬의 수석 디자이너 카를 라거펠트Karl Lagerfeld와 인증사진을 찍어 화제가 되기도 한 가수 G드래곤과의 인증사진을 통해서 박명수를 모르고 있던 빅뱅이나 G드래곤의 팔로워들이 'DJ G-PARK이 G드래곤과도 잘 아는 사이구나'라는 생각을 가질 수 있고 팔로우할 수도 있다.

400만 명에 달하는 그의 인스타그램 팔로워에게 DJ G-PARK를 알릴 수 있는 기회이니 함께 인증사진을 찍고 친분을 과시하는 것은 마케팅적으로 볼 때 지극히 합리적인 선택이다. DJ G-PARK처럼 인기 연예인이나 유명 인사들처럼 지명도를 갖고 있는 사람들과의 인증사진은 바이럴 효과까지 누릴 수 있다는 점에서 좋은 마케팅 방법이다.

게다가 요즘처럼 K팝K-Pop이나 한국 드라마의 인기로 한류가 글로벌 수준의 인기를 누리고 있는 상황은 그 효과를 더욱 높여줄 수 있을 것이다. 한동안 박명수의 인스타그램에서 인기 있는 다른 유명인사나 연예인들과의 인증사진을 자주 볼 수 있을 것으로 보인다. 어쨌든 이런 활동을 통해 DJ G-PARK이 세계적인 일렉트로닉 DJ라는 목표를 이뤘으면 좋겠다.

인스타그램을 통한 마케팅 사례로 연예인을 언급했으니 한

● 논란이 되었던 가수 아이비의 셔츠 사진

명만 더 이야기해보자. 가창력과 미모를 자랑하는 가수 아이비(본명 박은혜)의 인스타그램을 살펴보겠다.

어느날 그녀의 인스타그램에서 작은 실랑이가 일어났다. 아이비가 인스타그램에 올린 옆의 포스트 때문이다. 그리 화려하지도 않은 옷을 입고 찍은 평범한 사진으로 보인다. 그런데 팬이라고 하는 한 인스타그램 유저가 "협찬 사진 올릴 시간에 연습을 더하는 게 어떠세요?"라는 취지의 댓글을 올렸고, 아이비가 자기 돈을 주고 산 옷인데 협찬이라는 오해를 받아서 속상하다는 재 댓글을 달면서 실랑이가 시작됐다.

연예인들의 일거수일투족을 엿보던 한 연예 매체가 이것을 기사화[2]하게 됐다. 결국, 협찬이 아닌 단순한 오해라는 사실이 밝혀지면서 해프닝이 일단락되는 듯했지만, 원고를 쓰는 지금까지도 팬들끼리의 신경전은 계속되고 있다.

---

2) http://www.dispatch.co.kr/370515

이 작은 실랑이에서 우리가 주목할 것은 옷이 아니라 데일리 룩, #렉토 셔츠 #JO5 팬츠 #ACNE 스니커즈라는 해시태그이다. 추후에 자세히 설명하겠지만 인스타그램이나 텀블러, 네이버가 개발 중인 폴라와 같은 몇몇 SNS에서 사용되는 이 해시태그#는 동일한 해시태그를 달고 있는 콘텐츠들을 한꺼번에 볼 수 있도록 하는 기능이 있다. 해시태그의 이런 기능 때문에 마케팅 측면에서 다양한 시도가 나타난다. 이를테면 아이비 인스타그램의 해프닝도 거기에 달린 해시태그 때문이다. 셔츠와 팬츠 그리고 스니커즈를 만든 브랜드에서 아이비에게 일정한 사례를 주고 그렇게 해달라고 부탁한 것이 아니냐는 생각까지도 해보는 이도 있을 것이다.

협찬이 사실이든 아니든 이 논란에서 득을 본 것은 해당 셔츠 브랜드이다. 신인 디자이너의 옷이라고 하는데, 아이비의 인스타그램 덕분에 유명세를 톡톡히 얻을 수 있었던 것만은 사실이다.

아이비의 사례에서 생각할 수 있는 것은 인스타그램의 마케팅적 가능성은 이제 '있다·없다'의 문제가 아니라 얼마나 강력한가, 어떻게 활용할 수 있는가에 초점이 맞춰져야 한다는 사실이다. 특히 패션과 화장품 향수 업계에서는 이미 인스타그램이 SNS 마케팅에서 가장 주목받는 채널이 됐다.

그도 그럴 것이 이미 2015년 가을에는 매월 4억 명이 넘는 사람들이 인스타그램을 이용하고 있고 그중 여성이 70%에 달한다는 조사결과가 나오기도 했다. 게다가 나이별로도 35세 미만이 90%에 달하는 것으로 알려졌는데 패션과 뷰티 브랜드의 주 소비자가 바로 이 계층이라는 사실은 아이비 인스타그램의 작은 소동의 맥락을 이해할 수 있게 해준다.

간단한 몇 가지의 사례를 통해 인스타그램이 마케팅의 유용한 도구가 될 수 있다는 가능성을 살펴봤다. 그렇다면 '왜 인스타그램인가?'라는 질문해볼 필요가 있다.

많은 곳에서 강의하고 있지만, 필자는 현직 마케터이기도 하다. 뷰티 브랜드와 병원, 각종 기관과 단체의 온라인 마케팅에 대한 고민을 해결하기 위해서 시간을 쪼개서 비즈니스도 하고 있다. 이런 하루의 바쁜 일과가 끝나도 생각은 안양의 매장에서 떠나지 않는다. 인스타그램의 마케팅적 가능성을 직접 확인하기 위해서 오픈한 일종의 프로젝트 숍인 홍콩비어 안양점의 대표이기도 하기 때문이다.

누구보다 열심히 하루를 살고 있다고 자부하는 필자이지만 과연 하루에 몇 명을 만날 수 있을까? 100명? 아니면 500명? 아마 그 십 분의 일인 10명에서 50명을 만나 미팅을 진행하는 것도 불가능할 것이다. 그런데 사업하기 위해서 그 정도의 사람들을 열심히 만났다 하더라도 그것이 얼마나 효과적인 미팅이 될까를 생각해 본다면 고개를 갸웃거릴 수밖에 없다. 몇 명을 만났는가가 중요한 것이 아니라 얼굴을 맞대고 만난 상대의 마음에 얼마나 어필했는가가 훨씬 중요하기 때문이다. 오프라인을 통

프롤로그 • 왜 지금 마케팅은 인스타그램을 주목하는가

해서 비즈니스를 하는 것은 물리적인 한계가 있을 수밖에 없다.

반면 인스타그램이라는 온라인 공간을 통해서라면 어떨까? 원고를 쓰고 있는 현재 필자의 인스타그램^{https://www.instagram.com/jinsu_jung/} 팔로워는 1만 명^{10k}이 조금 넘는다. 평균적으로 글을 하나 쓰면 약 600개의 '좋아요'가 눌린다. 만약 이것을 마케팅에 활용한다고 생각해 보자. 오프라인에서 하루에 1만 명의 사람을 만나고 그중에서 600명으로부터 '좋은데요'라는 반응을 얻을 수 있을까? 당연히 이 많은 사람들과의 미팅을 하기 위한 시간과 장소 모두 물리적으로는 불가능하다.

하지만 인스타그램 덕분에 오늘 하루만 해도 최소 1만 명의 사람과 필자가 하고 싶은 이야기든 메시지든 어떤 형태로든 소통할 수 있다. 이것만큼 훌륭한 마케팅 채널이 세상에 또 어디에 있단 말인가. 이것이야말로 필자가 "인스타그램 마케팅을 하셔야합니다"라고 입버릇처럼 말하는 명확한 이유이기도 하다.

인스타그램, 이미지로 모든 것을 말한다

 #

인스타그램이란 대체 무엇인가?
이미지의 힘, 핫하고 강하다
인스타그램 마케팅, 선점 효과 가능하다
니즈와 원츠 그리고 해시태그

i·n·s·t·a·g·r·a·m m·a·r·k·e·t·i·n·g

인스타그램Instagram이란 대체 무엇인가?

　인스타그램을 마케팅 도구로 사용하기 위해서는 우선 인스타그램이 무엇인지에 대해서 자세하게 알아둘 필요가 있다. 어떤 특징이 있고 장·단점은 무엇인지 정확하게 알아야 어떻게 마케팅에 활용할 것인지에 대한 전략을 세울 수 있지 않겠는가?

　만약 PC를 통해서 인스타그램www.instagram.com에 들어가는 사람들은 처음에 당황하기 쉽다. 앱을 설치하라는 간단한 안내문만 떠 있는데, 그 이유는 인스타그램이 원래 스마트폰의 애플리케이션Application, App, 응용 프로그램으로 시작했기 때문이다. 인화를 거치지 않고 즉석에서 사진을 볼 수 있는 인스턴트 카메라와 전보나 전문을 뜻하는 텔레그램의 합성어인 인스타그램은, 긴 글보다는 내가 말하고 보여주고 싶은 것을 사진에 담아 표현하여 사람들에게 알리는 방식에 적합한 소셜미디어 서비스[이하 SNS] 중 하나다. 트위터와 같은 텍스트가 아니라 이미지 기반의 SNS이기 때문에 글보다는 이미지에 친숙한 요즘 사람들의 성향에 잘 부합한다. 몇 장의 인포그라픽스 자료를 통해 인스타그램에 대해 살펴보자.

● 인스타그램의 장점① : 스마트폰과 사진의 완벽한 컬래보레이션

인스타그램 Instagram

인스턴트 + 텔레그램

'세상의 순간들을 포착하고 공유한다' 라는 뜻

● 인스타그램의 특징
  * 폴라로이드 사진을 연상케 하는 정사각형 모양의 사진크기
  * 폴로잉 시스템, 뉴스피드 시스템 등 페이스북과 트위터의 장점을 합침
  * 이미지화 강함
  * 해시태그 29개까지 가능

Part 1 • 인스타그램, 이미지로 모든 것을 말한다

◉ 인스타그램의 장점② : 예쁜 사진만으로도 간편하게 소통가능

● 장점 : 간편함

인스타그램의
기본포맷
페이스북과 비슷
'닉네임'
사용가능
수시로 닉네임
변경

집 모양
버튼이 홈화면
페이스북의
뉴스피드와 비슷

사진이나
동영상 업로드
인스타그램의
자체보정
사진촬영 후
바로 보정 가능
동영상 끊어서
촬영 가능

'나'와 팔로잉한
대상의 활동을
모두 볼 수 있음

◉ 인스타그램의 장점③ : 같은 관심을 가진 모든 사람을 묶을 수 있는 해시태그

● 장점 : 태그기능

원하는 단어 태그 검색!
태그검색으로 원하는
사진, 동영상 한 번에 모두
모아서 볼 수 있음

'먹스타그램' 태그
먹음직스런 사진을 한번에
모아 볼 수 있게 됨

○ 인스타그램의 장점④ : 셀러브리티들이 더 많은 사람을 불러 모으는 기능

● 장점 : 다양한 셀러브리티

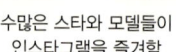

수많은 스타와 모델들이
인스타그램을 즐겨함

사람뿐만 아니라
'기업, 브랜드'도 한다는 것
→ 원하는 기업 또는 브랜드의
소식을 간편하기 받아볼 수
있는 장점

Part 1 • 인스타그램, 이미지로 모든 것을 말한다

이미지의 힘,
핫^{Hot}하고 강하다

그렇다면 인스타그램이 왜 온라인 마케팅에 있어서 가장 주목해야 하는 채널일까? 왜 인스타그램을 가장 핫한 SNS라고 표현하는 것일까? 지금은 이미지의 시대로 잘 쓰여진 글보다는 잘 찍은 사진 한 장이 더 인기 있다. 따라서 앞으로 이미지를 대체할 새로운 미디어 채널이 사람들에게 지지를 얻는 환경으로 변화하기 전까지 인스타그램은 주목받는 마케팅 채널일 확률이 매우 높다.

그런데 이미지를 중심으로 한 SNS는 인스타그램 뿐만이 아니다. 플리커^{Flickr}나 핀터레스트^{Pinterest}가 있고 야후가 거액을 주고 인수한 텀블러^{Tumblr}도 이미지 시대에 적합한 SNS이다. 그런데 필자는 왜 인스타그램에 주목해야 한다고 주장할까? 우스갯소리를 하자면 거기에는 아무런 이유는 없다. 그냥 사람들이 가장 많이 찾고 쓰기 때문이다.

  마케팅 현장에서 더욱 절감하게 되는 사실 중 하나는 뜻밖에도 대중들은 차가운 이성과 까다로운 조건으로 비교해가며 의사 선택을 하지 않는다는 점이다. 예를 하나 들어보자. 이제는 그 유행이 거의 막바지에 다다른 인터넷 커뮤니티 서비스가 있다. 바로 국민적인 인기를 끌었던 싸이월드다. 불과 몇 해 전만 해도 싸이월드를 하지 않는 사람을 찾기가 힘들었지만 이제는 하는 사람을 거의 찾아보기 힘들게 됐다. 싸이월드를 이렇게 몰락의 길로 내몬 것은 다름 아닌 페이스북$^{www.facebook.com}$이다. 싸이월드는 페이스북에 밀려서 실패했다. 그런데 그 원인이 과연 이성적이고 합리적인가에 대해서는 의문이 남을 수밖에 없다.

  이를테면 페이스북보다 싸이월드의 서비스가 불편해서 그렇게 됐을까? 혹은 싸이월드는 한국 기업이고, 페이스북은 미국 서비스라서? 그것도 적합한 설명이 될 수 없다. 한때 페이스북의 가장 강력한 경쟁자였던 커뮤니티 서비스 마이스페이스$^{www.myspace.com}$도 이미 유명무실한 존재가 되었다. 그렇다면 어떤 이유 때문에 싸이월드나 마이스페이스는 사람들이 찾지 않는 서비스가 됐고 페이스북은 절정의 인기를 자랑하는 인터넷 기업이 됐을까?

한 지인은 페이스북에 대해 이렇게 말했다. "쓰기 정말 불편합니다." 그런 페이스북이 전 세계적인 SNS 서비스가 될 수 있었던 이유에 대해서는 이런저런 해석이 있을 수는 있지만 사실 냉정하게 그 원인을 분석해 본다면 '아~무 이유 없다'가 정답이다. 그냥 결과가 그런 것뿐이다. 우연히 더 많은 사람들이 페이스북을 쓰기 시작했고 페이스북이 그 흐름에 더 잘 부응해서 보다 편리한 기능과 서비스를 제공함으로써 더욱 더 많은 사람들을 모으는데 성공했기 때문이다.

인터넷 서비스 시장의 특징은 그래서 '위너 테이크스 올$^{Winner\ takes\ all}$: 승자가 모든 것을 독차지 한다'라고 말하기도 한다. 텀블러나 플리커, 핀터레스트가 인스타그램보다 못해서가 아니라 사람들이 인스타그램을 더 많이 찾았고 인스타그램이 더 발 빠르게 효과적인 방법으로 유저들을 만족시키고 있기 때문이다.

인스타그램이 이미지 시대의 승자로 자리 잡을 것이라는 예상을 할 수 있는 기본적인 이유는 이미지 시대가 잠시 잠깐의 유행이 아니라고 보기 때문이다.

유행이라는 영어 표현에는 패드^{Fad}와 패션^{Fashion}, 트렌드^{Trend}가 있다. 마케팅 현장에서 쓰이는 의미로 설명한다면 패드는 아주 단기간에 급격하게 인기를 얻었지만 금세 그 열기가 사라지는 경우이고, 패션은 그에 비해 인기가 지속하는 것을 말한다. 이를테면 최소한 반년 정도는 그러한 인기가 유지될 때 사용하는 표현이다. 패션 잡지 등에서 '2016 S/S 시즌의 유행은 이것입니다'라는 표현을 자주 쓰는데 패션이라는 단어가 그런 경우다. 마지막으로 트렌드라는 단어는 경향傾向 추세趨勢라는 의미도 있지만 그보다는 바닷물의 거대한 흐름인 조류潮流라고 이해하면 좋다. 상당히 장기적인 유행을 의미하는 단어로 쓰이기 때문인데 최소한 10년 이상 계속되는 거대한 흐름을 우리는 트렌드라고 부른다.

예를 들어 맥도널드와 롯데리아가 최근 몇 해 동안 매출 부진에서 헤어 나오지 못하고 있는 이유를 웰빙Well-Being 트렌드 때문이라고 해석하는 것도 그런 이유에서다. 이제 거의 모든 산업이 모바일 환경이라는 트렌드로 이동했고 사람들의 행동 역시 텍스트의 깊은 의미를 음미하기보다는 이미지와 짧은 동영상을 가볍고 즉각적으로 즐기는 모습을 보여주고 있다. 이러한 현실도 이미 텍스트 시대가 저물고 이미지 시대의 트렌드로 자리 잡았음을 증명해준다. 따라서 인스타그램의 인기가 상당 기간 안정적인 마케팅 채널이 될 수 있으리라는 가능성 또한 높아지고 있다.

인스타그램의 인기가 쉽게 사라지지 않을 것이라고 보는 이유는 더 있다. 인터넷 서비스 시장의 특성 때문이다. 지금까지 많은 분야에서 다양한 인터넷 기업들이 저마다의 서비스를 선보이며 경쟁해왔다. 검색 분야의 경쟁은 초기에는 야후가 군림했지만 결국은 구글에 No.1의 자리를 내준 이후로 인터넷 검색엔진 시장의 경쟁은 사실상 구글의 승리로 끝이 났다고 볼 수 있다. 커뮤니티 시장도 마찬가지여서 최종 승자는 마이스페이스를 몰락시킨 페이스북이 되었다. 이것은 앞으로의 검색엔진이나 커뮤니티 서비스는 모두 구글과 페이스북을 염두에 두게 된다는 뜻이기도 하다.

경영학을 비롯한 사회과학 분야에서 사용되는 표현 중에 디팩토 스탠더드De Facto Standard가 있다. 어떤 제품이나 물질이 최초로 개발되거나 발견되면 그것이 곧 모든 네트워크에 파급되어 사실상의 표준을 이룬다는 의미이다. 시장을 최종적으로 장악하는 것은 기술력의 차이가 아니라 초창기 시장 점유 상황에 따르더라는 현실을 잘 설명해 주는 말이다.

이를테면 PC 시장의 운영체제 경쟁을 위해서 빌 게이츠는 PC DOS를 사들여서 자사에서 판매하는 모든 PC에 MS-DOS라는 이름으로 설치 및 보급했고, 이렇게 DOS 시장을 장악한 마이크로소프트사가 윈도우 환경에서도 마찬가지로 시장 전체를 최종적으로 장악한 승자가 됐던 것이 디팩토 스탠더드의 사례라고 볼 수 있다.

플리커나, 핀터레스트, 텀블러와 인스타그램과 같은 이미지 기반의 소셜 미디어 서비스간의 경쟁도 결국에는 이런 인스타그램에 의한 디팩토 스탠더드의 상황에 돌입하게 될 것으로 생각된다. 구글과 함께 인터넷 시장을 양분하고 있는 거인, 페이스북이 전격적으로 인스타그램을 인수했기 때문이다. 텀블러나 이 시장에 뒤늦게 뛰어들기로 한 네이버의 폴라 역시 해시태그를 전면에 내세우고 있는 것도 디팩토 스탠더드로 설명할 수 있을 것이다.

지금까지 인터넷 서비스 시장의 역사를 돌이켜 봐도 인스타그램의 장래가 가장 밝다는 것을 짐작하게 해준다. 지금까지 인터넷 시장의 특징은 어떤 분야의 서비스가 인기를 얻게 되면 초기에는 다수의 경쟁자가 각축을 벌이지만, 일단 하나의 서비스가 주도권을 잡게 되면 그 구도는 좀처럼 깨어지지 않는다는 점이었다.

게다가 요즘처럼 거대한 인터넷 기업이 거액의 돈으로 인기 있는 서비스들을 통째로 사들이고 있는 현실에서는 다른 이미지 기반 SNS가 인스타그램을 따라잡고 몰락시킬 확률은 거의 없다고 봐도 과언이 아니다. 페이스북이 설립된 지 불과 2년밖에 안된 인스타그램을 11억 달러약 1조6,689억 원라는 엄청난 가격을 주고 인수한 것도 앞으로의 이미지 기반 SNS 서비스의 표준이 인스타그램이 될 것이라는 확률을 높이고 있다.

읽을거리

'애기야, 그 옷 입지마', 볼레로 패션의 유행

김정은이 드라마 〈파리의 연인〉에서 유행시켰던 볼레로 패션

'애기야 가자!'라는 오글거리는 대사로 유명했던 TV 드라마가 있다. 배우 박신양과 김정은이 주인공으로 출연했던 〈파리의 연인〉이라는 드라마다. 아름다운 도시 파리의 다양한 볼거리와 재벌 2세인 박신양의 멋진 패션도 시청자들의 관심이 쏠렸지만 그중에서도 가장 많은 관심을 받았던 것은 바로 여자주인공인 가난한 파리 유학생 강태영김정은 분이 입고 다녔던 옷들이다. 그 중에서도 볼레로 패션이라고 불렸던 극도로 짧은 길이의 윗옷은 드라마의 인기와 동시에 불티나게 팔려서 패션을 좀 안다는 젊은 여성들이라면 너나할 것 없이 입고 다녔을 정도였다.

그런데 이 볼레로 패션은 패션이라는 이름과는 달리 드라마가 끝나자마자 거짓말처럼 한순간에 인기가 사라져 더 이상 입고 다니는 사람을 찾기가 어렵게 됐다. 초단기적인 유행을 의미하는 단어인 패드Fad에 해당되는 사례라고 할 수 있다.

원래 패션은 이렇게 유행이 급격하고 변화무쌍하기로는 둘째가라면 서러운 분야인데 이런 패션 산업에서도 트렌드라는 것이 존재한다. 이를테면 전설적인 디자이너 이브 생 로랑Yves Saint Laurent은 남성의 전유물이었던 바지를 여성에게 입혀 충격적인 화제를 일으키며 패션 산업의 오랜 고정관념을 깨트렸다. 전 세계 패션 산업에 가장 큰 영향을 준 디자이너로 손꼽히는 코코 샤넬은 레이스가 치렁치렁 달린 풍성한 드레스가 아니라 미소년의 옷 같다는 평을 받기도 했을 만큼 여성패션을 단정하고 세련된 것으로 진화시키기도 했다. 이들 두 명의 디자이너들이 일으킨 패션의 변화는 한 두 시즌 지속된 것이 아니라 여성복에 대한 고정관념을 완전히 뒤바꿔 놓을 만큼 큰 영향을 끼쳤다. 패션산업에 지금껏 영향을 주고 있는 거대한 트렌드를 만들어 놓은 셈이다.

읽을거리

잘 바뀌지 않는 사람의 속성

사람들이 무심코 넘겨버리는 오해들이 적지 않다. 이를테면 마케팅 현장이 늘 뜨겁고 변화무쌍하므로 사람들도 시시각각 변할 것으로 오해한다. 하지만 뜻밖에 사람의 심리는 좀처럼 변하지 않는다. 인터넷 마케팅 시장에서 변화가 큰 것은 마케팅 방법이지 마케팅 채널 자체는 아니기 때문이다.

이를테면 인기 연예인의 인스타그램에 노출하는 마케팅이 더 이상 효과를 보지 못하는 상황은 있을 수 있어도 사람들이 사진을 주고받는 행위를 하지 않는 경우는 없을 것이다. 사람들이 SNS를 통해서 얻고자 하는 기본적인 욕구가 타인과의 네트워킹인데 이것은 단기간의 유행이 아니라 거대한 흐름이기 때문이다.

사람들에게서 인기를 끌고 있는 SNS는 블로그에서 트위터, 페이스북에서 인스타그램으로 빠르고 급격하게 변화를 겪지만 변하는 것은 단지 어떻게 타인과 네트워킹을 하느냐하는 방법과 공유하고자 하는 콘텐츠 어디에 포커스를 맞추느냐의 차이이다.

그런데 현재의 거대한 흐름은 SNS를 통해서 타인과의 네트워킹 하고자 하고 공유하려는 콘텐츠의 중심이 바로 이미지이기 때문에 인스타그램이 그것에 꼭 맞아 떨어졌다. 인스타그램이 SNS로서 갖고 있는 기본적인 소셜Social한 특징 역시 계속될 것이기 때문에 이용자들의 기본적인 욕구가 변화하지 않는 한 인스타그램은 앞으로도 가능성 큰 마케팅 채널이 될 것이다.

인스타그램 마케팅,
선점 효과 가능하다

인스타그램은 그 인기나 가능성에 비해서 아직 브랜드나 마케터들의 본격적인 진출이 덜 이루어진 편이다. 그러므로 마케팅 시장을 관통할 수 있는 눈에 띨만한 방법론이 나타나지 않고 있다. 간헐적으로 다양한 시도가 진행 중인 것은 분명하므로 '조만간 인스타그램 마케팅은 이런 것이다'라는 명쾌한 마케팅 방법이 등장할 것이다. 필자 역시 다양한 시도와 실험을 계속하면서 그것을 검증하고 있다.

인스타그램을 마케팅 채널로 사용하려는 시장의 상황이 아직까지는 이러하다 보니 역설적으로 선점 효과가 가능하다는 것이 인스타그램의 중요한 매력으로 살아있다는 점에 주목할 필요가 있다. 마케팅 현장에서는 종종 4선^{4先}이라는 말을 쓰는데, 선견^{先見} 선수^{先手} 선제^{先制} 선점^{先占}의 줄임말로 시장의 변화를 남보다 먼저 발견해 읽고, 남보다 한발 앞서서 움직임으로써 경쟁사를 제압하고 시장을 차지한다는 의미로 쓰인다.

인스타그램의 마케팅적 가능성은 이제 막 시작단계에 들어서 있다. 벌써 효과를 톡톡히 봤다고 하는 마케팅 방법들은 인스타그램이 갖고 있을 잠재적 가능성에 비해 빙산의 일각에 지나지 않을 것이다. 따라서 남보다 먼저 인스타그램이라는 인터넷 공간에서 확실하게 자신만의 포지션을 구축하고 있어야만 한다.

인스타그램을 하루빨리 해야 하는 또 다른 이유는 변화에 대해서 사전 대응할 필요가 있기 때문이다. 인스타그램을 비롯한 모든 인터넷 서비스는 프로그래밍 로직을 비롯한 운영정책까지 반드시 변화할 수밖에 없다. 이에 대해서는 구체적인 사례를 통해 설명해 보자.

네이버의 블로그^{Blog}는 이미 매우 효과적인 마케팅 채널이라는 사실을 검증받았다. 블로그 마케팅을 통해서 오프라인에서는 누릴 수 없는 엄청난 효과를 본 업체나 기업, 브랜드와 개인이 한둘이 아니다. 현업에서 분주하게 블로그와 SNS 강의와 컨설팅을 하고 있는 필자도 그 대표적인 사례이기 때문에 누구보다 네이버 블로그의 마케팅적인 가능성을 확신하고 있다.

그런 면에서 필자는 네이버 블로그와 각종 SNS를 마케팅 채널로 활용함에 있어서 성공적으로 선점한 사례라고 할 수 있다. 지금 이 순간에도 필자의 네이버 블로그에는 많은 사람들이 방문하고 다양한 문의를 해온다. 그 모든 문의와 요청에 대해서 할 수 있는 한 온 힘을 다해서 도움을 드리고 있지만 사실은 효과가 예전만은 못하다. 여전히 정보를 검색하기 위해서 구글이 아닌 네이버를 가지만 그 검색결과를 참조할 뿐이지 예전처럼 신뢰하지는 않고 있다는 것을 체감하고 있기 때문이다.

예를 들어 블로그 마케팅을 하려고 하는데 괜찮은 키워드를 추천해 달라고 요청한다고 하더라도 이미 그 키워드를 선점하고 있는 블로거들이 검색 순위 상단을 차지하고 있기 때문에 그 틈을 비집고 들어가기란 여간 어려운 일이 아니다. 불과 몇 달 전에 좋은 효과를 얻었던 마케팅 방법을 구사한다고 하더라도 예상치도 않았던 썰렁한 반응을 받는 일도 적지 않다. 다른 블로거들이 선점하고 있는 경우도 있지만, 네이버 블로그의 운영 정책이나 로직이 변했기 때문일 수도 있다.

이를테면 요즘도 종종 "제 블로그가 저품질 블로그가 됐대요. 어떻게 하지요?"라는 다급한 문의를 받곤 한다. 한 예로 네이버가 리브라라는 새로운 검색엔진을 선보였던 지난 2012년 초겨울, 블로그 마케팅 업계는 하루아침에 폭탄을 맞은 것처럼 난리가 났었다. 어제까지만 해도 검색 순위 상단에 노출됐던 블로그들이 검색결과에서 사라져버렸기 때문이다. 그런가 하면 작성한 지 오래된 포스트들이 난데없이 첫 페이지에 검색되기도 했다. 블로그 마케팅 대행사들에 마케팅을 의뢰했던 고객들은 "이게 어떻게 된 일인가요?"라며 항의전화를 해왔지만 영문을 알 수 없던 대행사들은 애만 태울 수밖에 없었다.

어제까지만 하더라도 각 대행사가 저마다의 노하우로 고객들의 블로그와 포스트를 검색 상단에 올려놓을 수 있었던 자신들만의 노하우가 통하지 않게 된 날벼락 같은 일도 모두 네이버 검색엔진의 로직과 알고리즘이 새롭게 변했기 때문이다. 비싼 돈을 준 키워드 검색인데 검색조차 되질 않게 됐으니 실제로 이런 일을 당한 사람들의 마음이 얼마나 답답한 노릇인지는 충분히 짐작할 수 있다.

이런 갑작스러운 불상사는 대부분 네이버에서 자사의 블로그 서비스를 건전하고 실제 사용자에게 도움이 되는 상태로 유지하기 위해서 주기적으로 취하는 정책상의 변화 때문이다. 네이버 검색 상단에 오르는 검색 엔진의 로직 역시 주기적으로 변화를 주는데, 이 또한 특정 업체, 소수의 파워 블로거들이 검색 순위를 독점적으로 차지해 네티즌들이 정말로 원하는 양질의 콘텐츠가 첫 페이지에 올라가지 못하는 문제를 방지하기 위해서 네이버라는 회사 차원에서의 변화를 준다. 실제로 이런 로직의 변화 때문에 고민하는 사람들이 적지 않다. 강의하다보면 가끔 "네이버의 검색 로직을 알 방법은 없을까요?"라고 은밀히 질문하시는 분들이 있는데 그럴 때마다 "그건 네이버 사장님밖에는 모를 겁니다"라고 답하곤 한다.

이렇게 네이버 검색엔진의 알고리즘과 로직에 대한 궁금증이나 어떻게 하면 검색 상단에 올라갈 수 있을지에 관한 관심이 아직도 큰 것은 지금까지 네이버 블로그가 마케팅 효과가 매우 높은 채널이기 때문이다. 효과가 좋으니 사람들의 관심이 쏠리는 것은 당연한 일이고, 그러므로 다양한 편법과 기발한 아이디어는 끊임없이 생겨날 수밖에 없다.

그렇다고 해서 상황을 그대로 내버려두었다가는 머지않아 사람들에게서 "네이버 검색? 그거 다 광고야, 믿을 수 없어"라는 평판을 받게 될 것이 뻔하기 때문에 네이버 역시 필사적으로 검색 로직이 노출되지 않고, 검색 결과가 항상 양호한 상태로 유지되도록 조처를 하게 마련이다. 마치 모든 방패를 뚫고야 만다는 창과 모든 창을 막아낸다는 무적의 방패가 격돌하는 모순矛盾의 상황이 주기적으로 반복되는 것이 인터넷 마케팅의 현장이다.

마찬가지 이유로 마케팅적 가능성이 날로 주목받고 있는 상황이니 인스타그램 역시 다양한 편법과 아이디어가 등장해 검색결과를 어지럽히게 될 것이라는 사실을 짐작할 수 있다. 그래서 인스타그램의 효과적인 마케팅 방법 역시 끊임없는 변화와 진화의 과정을 거치게 될 것이다.

이런 원리를 이해할 수 있다면 "인스타그램도 선점해야 합니다"라는 필자의 주장에 대해서 동감하게 될 것이다. 운영 정책상의 변화와 알고리즘의 변화에도 무관하게 상위 노출과 같은 탁월한 효과를 낳을 수 있는 비법이 두 가지 있다. 그 첫 번째가

양질의 콘텐츠로 승부를 보는 것이고 나머지 방법이 바로 먼저 시작하는 것이다.

앞에서 예를 든 네이버 블로그 마케팅의 경우를 본다면 장기간 양질의 콘텐츠를 쌓으면서 운영되어 온 블로그들은 로직의 갑작스러운 변화에도 그다지 흔들림이 없는 모습을 보여준다. 네이버 차원에서도 그런 우수 블로그들은 이용자들의 검색 결과의 앞부분에 노출시켜주려고 하는데 그 이유가 유저들이 원하는 콘텐츠이기 때문이다. 명시적이지는 않지만 남보다 먼저 블로그를 시작해 장기간 운영되어 온 블로그에게도 그와 유사한 인센티브가 존재한다. 리브라의 등장으로 작성된 지 몇 년이나 지난 포스트들이 검색 상단에 올라왔던 것도 그런 이유에서이다.

카카오 스토리의 경우에도 채널을 초창기부터 운영했던 사람들은 공유 이벤트와 같은 방법으로 팔로워 숫자를 어렵지 않게 늘릴 수 있었지만 이용자가 폭발적으로 늘어난 지난 2015년 1월부터는 공유이벤트를 금지하는 전격적인 운영정책의 변화가 나타났기 때문에 지금에 와서는 동일한 방법으로 팔로워를 늘리는 것은 현실적으로 불가능한 일이 되었다.

인스타그램이 팔로잉 숫자를 7천 5백명으로 한정지은 것도 무차별적으로 팔로워 숫자를 늘리는 사람들이 등장하면 결국, 인스타그램의 서비스에 대한 신뢰도가 떨어질 수밖에 없다는 것을 잘 알고 있기에 만들어진 정책이라고 볼 수 있다.

네이버 블로그나 카카오 스토리 채널 등 사람들에게 인기를 끌고 있는 SNS들은 이용자가 폭발적으로 늘어나는 시기를 기점으로 큰 변화가 일어나고 그러한 변화는 뒤늦게 뛰어드는 사람들에게 매우 불리하게 작용한다. 이는 인스타그램을 마케팅 채널로 활용할 계획이 있는 브랜드나 사람들이 서둘러야 할 이유로 충분하지 않을까?

모든 SNS와 인터넷 서비스에서 좋아하는 것은 장기간 안정적으로 유지되어온 양질의 콘텐츠라는 사실은 절대 변하지 않을 진리이다. 우선 이 책의 독자들부터라도 인스타그램을 선점하길 바란다. 최근에 들어와서 인스타그램에도 정식 광고가 등장하는 운영정책의 변화가 생겼다. 하지만 지금까지 광고 없이 운영되며 쌓인 이미지 덕분에 아직은 사람들이 인스타그램에 올라온 이미지와 동영상을 광고라고 생각하지 않고 있다는 점도 선점효과를 볼 수 있는 여지로 남아있다.

그렇다면 어떻게 하면 인스타그램에서 선점 효과를 볼 수 있을까? '인스타그램 마케팅 이렇게 하시면 효과를 봅니다'라는 구체적인 방법은 뒷장에서 자세하게 다루도록 하고 그보다 먼저 정말로 중요한 것에 대해서 알아보자.

만약 인스타그램 마케팅을 계획하고 있다면 그 말은 명확한 마케팅 목표, 그러니까 돈을 들여서 마케팅 활동을 하는 목적이 있다는 의미가 된다. 그렇다면 마케팅의 효과를 최대치로 끌어올리기 위해서 가장 중요한 것은 '고객의 관점에서 생각한다'라는 점이다.

'왜 사람들이 인스타그램을 사용하고, 우리의 잠재 고객들이 인스타그램을 통해서 정말로 얻기를 원하는 것은 무엇일까?'라는 질문과 그것에 대한 답을 스스로 해봐야 한다는 말이다.

트위터나 페이스북보다 인스타그램으로 사람들이 몰리기 시작한다는 것은 사람들이 이제는 긴 글보다 말하고 보여주고 싶은 것을 사진에 담아 표현하여 타인들에게 알리는 방식을 주로 사용한다는 의미이기도 하다. 글보다는 이미지에 친숙한 요즘 사람들에게 적합한 인스타그램의 인기가 폭발적으로 올라가고 있는 가장 큰 원인도 거기에 있다.

니즈와 원츠
그리고 해시태그

그렇다면 사람들이 인스타그램을 사용하는 본질적인 이유에 대해서 고민해 봐야 한다. 단순히 눈에 보이는 이유가 아니라 이용자의 심리, 즉 숨겨진 이유 말이다. 고객들은 너무나 태연하게 거짓을 말하기도 한다. '제가 원하는 것은 이겁니다'라고 말하지만 그 속마음은 사실 다른 데 있는 경우가 의외로 많다. 문제는 고객이 일부러 거짓말을 하는 것이 아니라는 점이다. 때로는 고객들 스스로 본인이 정말로 원하는 것이 무엇인지 모르는 경우도 있다. 따라서 마케터들은 정말로 고객들이 원하는 것이 무엇인지를 잘 구분해낼 수 있어야 한다.

이를테면 마케팅 용어로 니즈^{Needs}와 원츠^{Wants}의 차이가 그것이다. 예를 들어보자. 어떤 사람이 논란이 됐던 아이비의 데일리 패션 인스타그램을 보고 '어머~ 이 옷 어디서 사셨어요? 쿠폰이 있으면 사고 싶네요'라는 댓글을 남겼다고 가정해 보자. 마케터 입장에서 보면 이 사람은 옷이라는 패션 아이템에 관심이 아주 많은 잠재 고객으로 생각하기 쉽다. 조금만 마케팅 활동을 하면 당장 매출로 연결될 것으로 보인다. 그래서 '지금 아래 해시태그를 따라가시면 20% 할인 쿠폰을 받을 수 있습니다'라고 응대했다.

그런데 정작 구매를 한 것은 쿠폰을 발행한 옷 브랜드가 아니라 전혀 엉뚱한 조 말론의 향수였다는 것이다. 가상의 사례를 들었지만 실제로 현장에서는 이런 경우를 너무나 비일비재하게 볼 수 있다. 해석의 여지는 있지만 왜 이런 결과가 나타났는지에 대해서는 고객의 말만을 전적으로 신뢰하다가 니즈와 원츠를 혼동했기 때문에 생긴 실수인 경우가 많다. 알고 보니 옷에 관심을 가졌던 그 고객은 '옷을 사고 싶어 했던 것이 아니라 애인에게 줄 생일선물이 필요했던 것이더라' 이런 이야기가 되는 것이다.

이런 실수를 피하기 위해서 우리는 고객 관점에서 생각할 필요가 있다. 고객의 말이 아니라 의도에 집중해야 한다. 왜 고객이 이런 질문을 했는가에 더 집중했더라면 '이 옷 어디서 사셨어요?'라는 댓글에 쿠폰을 이야기하는 것이 아니라 '옷에 관심이 많으신가봐요?'라는 질문을 먼저 할 수 있었을 것이고 따라서 더 성공적인 마케팅이 될 수 있었을 것이다. 만약 마케터가 이 질문을 먼저 했다면 그 고객의 '선물을 하려고 하는데 뭐가 좋을지 고민중이예요. 옷을 선물했다가 애인 취향이 아니면 낭패잖아요'라는 진짜 속마음을 알아챌 수 있었을지도 모른다. 이렇게 고객관점에서 생각하고 판단하는 것을 잡오리엔티드$^{Job\ Oriented}$관점이라고 부르는데, 고객의 말과 행동이 달라서 발생하는 마케팅 실수를 줄이는 데 도움이 된다.

한 가지 예를 더 들어보자. DIY인테리어 포스트에 '보쉬의 해머드릴은 쓰기 어렵지 않아요?'라고 질문한 사람은 보쉬나 YG1공구의 제품의 잠재고객일 수도 있지만 사실은 지름 5mm짜리 구멍을 깔끔하게 뚫고 싶은 사람일 수도 있다는 것이다. 인테리어를 직접 하고 싶은데 해머나 드릴 같은 전문적인 도구를 사용해 본 경험이 없어서 고민하다가 질문한 것일 수 있다는 이야기가 된다.

이런 경우에는 드릴이 아니라 새로 출시된 강력 접착제가 훌륭한 대안이 될 수 있다. 질문한 사람이 정말로 원하는 것이 실은 비싸게 주고 산 액자를 안전하게 걸고 싶어서일 가능성도 있기 때문이다. 벽에 구멍을 뚫는 것을 좋아할 사람은 없으니 말이다.

이렇게 겉으로 드러나지 않은 사람들의 숨겨진 속내를 알아내야 하는데 인스타그램에는 좋은 도구가 숨겨져 있다. 바로 해시태그#다. 인스타그램에 올려진 이미지를 보면 우선 일차적인 관심사를 알 수 있고 그 글이나 댓글을 보면서 새로운 정보를 더 얻을 수 있다. 이렇게 얻은 정보는 해시태그를 통해서 보다 자세하게 구체화할 수 있는데, 인스타그램이 훌륭한 마케팅 채널이 될 수 있다는 것은 이 해시태그를 어떻게 활용하는가에 따라서 고객의 니즈와 원츠를 효과적으로 구분해 낼 수도 있기 때문이다. 해시태그는 이용자가 직접 만드는 것이기에 그 속내가 드러날 수 있다. 이런 잡오리엔티드 관점에 대해서는 고객이 제품을 구매하는 진짜 이유는 잡오리엔티드때문[3]이라는 기사를 참조하면 도움이 될 것이다. 이런 잡오리엔티드 관점은 마케팅 전문가들이 흔히 저지르는 실수를 방지할 수 있게 해준다.

김치냉장고 사례는 도저히 비집고 들어갈 수 없다고 생각했던 거대 브랜드들 간의 치열한 시장 속에서도 잡오리엔티드 관점을 통해서 작은 기업이 성공할 수 있다는 사실을 보여준다. 삼성과 LG전자가 대형 냉장고의 용량으로 치열하게 경쟁할 때 그 시장에서 소비자들에게 선택받으며 승리한 곳은 땅에 묻을 필요가 없는 김치냉장고라는 전혀 새로운 카테고리의 제품을 선보인 곳은 만도 기계였다. 인스타그램 마케팅 또한 관심을 가진 소규모 자영업자나 개인들, 이제 막 생긴 브랜드들에게도 성

---

3) http://www.venturesquare.net/585452

공의 가능성은 열려 있는 곳이 바로 SNS이고 인스타그램이라는 사실을 잊지 말아야 한다. 해시태그가 가장 활성화 되어 있는 서비스는 바로 인스타그램이다.

네이버 검색이 지나친 광고성 블로그와 글로 인해서 많은 신뢰를 상실하고 있는 요즘, 인스타그램이 그 빈자리를 빠르게 치고 들어오는 중이다. 실제로 예전 같으면 네이버 검색을 통해서 맛집 검색을 하고 맛집 블로거들의 포스트를 참고해서 데이트 코스를 짰을 사람들이 이제는 실제로 경험하고 올린 인스타그램 글을 읽고 찾아다닌다. 안양에 있는 필자의 매장에도 필자의 인스타그램을 보고 찾아오는 사람들이 상당수 있다. 뿐만 아니라 매일 방문하는 손님 중에서 인스타그램을 통해서 오는 이들의 비중이 빠르게 늘고 있다. 그래서 어떻게 마케팅을 하느냐에 따라서 반응이 즉각적으로 나타나는 역동적이고 재미있는 마케팅 채널이 바로 인스타그램이라는 사실을 필자는 누구보다 더 잘 안다.

게다가 PC 환경에서 시작된 페이스북과는 달리 태생부터 모바일 환경에서 시작된 인스타그램이 요즘 고객들처럼 빠르고 역동적이며 바이럴 효과(입소문 효과)가 큰 계층을 대상으로 하는 업종에는 더할 나위없이 좋은 마케팅 채널이기도 하다. 과연 스마트폰과 아이디어만 있으면 그 누구라도 가능한 것이 바로 인스타그램 마케팅이다. 그러니 당장 뛰어들지 않고 주저할 이유가 있을까?

인스타그램 마케팅, 왜 지금 시작해야 할까

   # 

이 시대가 원하는 SNS, 인스타그램

헤밍웨이 보다 사진 한 장의 힘이 센 이미지 전성시대

폴라로 살펴보는 인스타그램의 무한 가능성

비주얼 마케팅에 최적인 마케팅 툴

객관적으로 증명된 인스타그램 마케팅의 효과

i·n·s·t·a·g·r·a·m m·a·r·k·e·t·i·n·g

이 시대가
원하는 SNS, 인스타그램

이제는 사람들의 일상생활이 거의 모두 모바일화(化)되어 버렸다. 전 세계에서 가장 많은 사람들이 이용하는 인터넷 커뮤니티인 페이스북도 이제 모바일을 통해서 접속하는 사람들이 대부분이다. 페이스북코리아(유) 조용범 대표는 "페이스북 한국 사용자의 94%가 모바일로 접속하고 있다[4]"라고 밝힐 정도로 모바일로 인터넷을 접속하는 것이 보편화됐다.

스마트폰으로 지하철에서 인터넷 쇼핑하는 것은 너무나 자연

---

4) http://www.hankyung.com/news/app/newsview.php?aid=201512148180v&intype=1

스러운 일이 됐고, 카페에서 친구들과 커피를 마시다가도 왠지 멋있어 보이는 옆자리 손님의 가방을 스마트폰 카메라로 찍어서 '이게 어디 제품인가요?'를 곧바로 물어볼 수 있다. 굳이 포털 사이트 지식 검색에 묻지 않아도 페이스북이나 인스타그램처럼 핫한 SNS에 사진을 올려도 궁금한 정보를 얻을 수 있는 것은 물론이고 모바일로 그 가방을 구매도 할 수 있다. 이제는 영화 표를 예매하려고 창구 앞에서 줄을 서지 않아도 되고, 심지어는 잠자리에 들어 잠이 드는 순간까지도 세상 곳곳에서 벌어지는 일들을 거의 실시간으로 알 수 있다.

만약 옛날 사람들이 지금 우리가 스마트폰을 가지고 하는 많은 일을 보면 전지전능하다고 생각할지도 모르겠다. 아이폰을 따라잡기 위해서 삼성전자가 선보였던 스마트폰 브랜드 옴니아의 광고 카피가 '전지전능 옴니아'였다는 사실이 새삼스럽게 느껴진다.

예전에는 꿈도 꾸지 못했을 일들이 너무나 쉽사리 일어나기도 한다. 예를 들어 인스타그램에 올라온 음식을 먹어보기 위해서 경복궁 옆 서촌의 비좁은 골목 안쪽에 거의 숨겨져 있는 작은 레스토랑 앞에 사람들이 줄을 지어 기다린다거나 하는 일이 일어나는 것도 스마트폰과 초고속 인터넷의 발달 덕분이다. 보행자용 네비앱을 통하면 설명하기도 어려운 위치를 손쉽게 찾아갈 수 있게 되었다. 예전 같으면 교통편도 마땅치 않은 그야말로 C급 입지의 조그마한 레스토랑이 연일 만석이 될 수 있다는 것, 결국은 모바일과 SNS의 발달이 아니라면 생각하기 힘든 일이 아니었을까? 모바일화라는 시대의 변화는 그래서 대단히 긍정적인 가능성을 의미한다.

그렇지만 일상생활의 모바일화가 유익하고 편리한 것만은 아니라는 사실도 알게 되었다. 모바일을 통해서 자칫하면 작은 실수와 사소한 잘못 하나 때문에 천하의 몹쓸 사람이 되거나 희대의 악당이 될 수도 있다. 불과 하루 이틀 사이에 말이다.

예들 들어 페이스북을 통해서 널리 알려진 케첩녀 사건이라 불리는 소동이 그런 경우다. 페이스북의 유명한 유저가 강남 어느 곳의 레스토랑에 갔다가 케첩을 달라는 말 한마디를 했다고 해서 종업원과 업주에게서 모욕과 폭언을 들었다면서 그 사실을 자신의 페이스북에 올렸다. 인기 유저였던 터라 당연히 페이스북 친구들이 '저마다 저런 나쁜 사람이 있나, 그런 가게는 당장 망해야 해요' 등 격렬히 공감했다. 불과 하루 이틀 사이에 인터넷 공간에서는 이 일이 큰 화제가 됐다. 오픈 효과를 톡톡히 누리던 그 가게에는 당장 손님들의 발길이 끊겨 버렸고 사람들은 '여기가 거기래. 케첩 달랬다고 아르바이트생이 욕하는 데'라고 수군대며 손가락질하고 지나갔다.

그런데 놀라운 일이 일어났다. 갑자기 상황이 반전된 것이다. 그 자리에 있었다는 다른 사람들이 '사실은 그렇지 않았어요'라며 알고 보니 정반대의 상황이었더라는 이야기를 올렸다. 이 소식은 더 빠른 속도로 퍼져 나갔다. 억울한 일을 당한 것이 케첩녀가 아니라 오히려 그 레스토랑이더라는 극적인 이야기의 반전은 화제가 되기에 충분했고, 케첩녀 사건은 이미 사람들의 화제의 중심에 있었던 만큼 반응은 더욱 뜨거워졌다. 이번에는 '최초에 글을 올렸던 케첩녀는 유명 네티즌이라고 갑질한 거네?'와 같은 비난의 대상이 되었다. 많은 사람들의 동정과 위로의 말을 듣던 이 페이스북 유저는 천하의 몹쓸 사람이 됐고, 급기야는 살고 있는 아파트 현관문에 케첩을 뿌리고 가는 사람까지 생겼더라는 것이다.

이 케첩녀 사건과 같은 일은 이제 언제 어디서든 일어날 수 있다. 페이스북이나 인스타그램과 같은 SNS의 기본적인 특징이 불특정 다수의 대중이 24시간 실시간으로 네트워킹되어 있는 것이기 때문인데, 그 파급 효과가 언론 매체에 기사가 실리는 것과는 비교도 할 수 없을 만큼 즉각적이고 엄청나다는 사실을 항상 염두에 두고 있어야만 한다.

게다가 텍스트의 시대가 저물고 사진과 동영상 같은 이미지의 시대로 변했다는 점은 인스타그램이 매우 효과적인 마케팅 채널이 될 수 있지만 동시에 어마어마한 위험 요인이 될 수도 있다는 것을 알게 한다. 케첩녀 사건은 모두가 피해자였더라는 씁쓸한 사실을 깨우쳐 주었다.

최초에 거짓말을 한 케첩녀는 사람들의 온갖 비난에 시달리는 거짓말쟁이가 됐고, 페이스북 친구들로부터의 신뢰도 한순간에 잃어버리게 되었다. 논란의 중심이 됐던 레스토랑의 주인은 한 언론과의 인터뷰에서 '그냥 잊어버리고 싶다'라고 씁쓸해했다. 큰돈 들여 오픈한 가게가 시작부터 심각한 타격을 받았기 때문이다. 사람들이 '여기가 케첩녀 사건 때문에 피해를 본 곳이래, 안됐으니까 우리라도 가서 음식먹자'라고 할 리가 없으니 말이다. 사람들은 그저 화제를 즐기고 그 논쟁에 참여하기를 좋아하는 것일 뿐이다.

인터넷 마케팅 전문가의 입장에서 케첩녀 사건의 가장 큰 문제는 예방할 수 있는 방법이 없다는 점이다. 사람들이 아예 존재하지도 않았던 일을 마치 실제로 일어난 일인 것처럼 거짓으로 꾸며 SNS에 올리는 것은 막을 수 없는 노릇이다.

극단적인 일이지만 너무나 흔하게 있을 수 있다는 점에서 이 케첩녀 사건은 요즘과 같은 모바일화 된 세상이 얼마나 큰 가능성과 위험성을 동시에 가졌는지를 깨닫게 해주는 귀한 사례가 되어준다.

다시 다루겠지만 모바일 환경 하에서 발생할 수 있는 위험스런 요소들을 잘 관리할 방안을 만들어 대비할 필요가 있다. 게다가 이렇게 극단적인 양면성을 갖고 있다고 해서 모바일화된 환경을 거부할 수 있는 것도 아니다. 이미 싫든 좋든 피할 수 없는 시대의 흐름이 됐기 때문에 취사선택의 문제가 아니라 어떻게 적응하는가에 대해 고민해야 한다.

읽 | 을 | 거 | 리

탐앤탐스는 어떻게
트위터 사태를 막았나

　몇 해 전 프랜차이즈 커피숍인 탐앤탐스^{Tomntoms}가 자사의 트위터 계정에서 겪었던 상황은 많은 사람들에게 많은 시사점을 전해 준다. SNS상에서 예상치 못하게 발생한 위기를 어떻게 잘 대처하고 극복했는지에 대해서 잠깐 살펴보자. 옆 페이지의 도표는 한 인터넷 비즈니스 전문가가 탐앤탐스 트위터 사태를 발생에서부터 수습 단계에까지 잘 정리한 자료이다.[5]

　도표를 잘 살펴보면 직원이 탐앤탐스의 공식 트위터 계정에 올린 글이 사람들에게 논란거리가 되면서부터 사건이 시작된다. 인터넷을 통한 브랜드 관리에 적극적이었던 탐앤탐스의 트위터 계정은 적지 않은 사람들과 팔로잉 관계를 맺고 있었기 때문에 문제의 글이 순식간에 트위터 전체로 퍼지기 시작하였다.

　놀랍게도 이 사실을 접한 탐앤탐스의 상급 책임자가 망설이지 않고 진심이 담긴 공식 사과의 글을 올렸다. 사건 발생 불과 20분만의 일이다. 그러나 원래 긍정적인 소문 보다는 부정적인 소식이 더 빠르게 전파되는 법이라 탐앤탐스의 공식 사과가 있었지만, 발 빠른 인터넷 매체들이 이 문제를 보도하면서 다시 문제가 커지기

---

5) 출처: 강학주의 e - Biz Story, http://ebizstory.com/696

Part 2 • 인스타그램 마케팅, 왜 지금 시작해야 할까

◉ 탐앤탐스 트위터 이슈 대응 사례

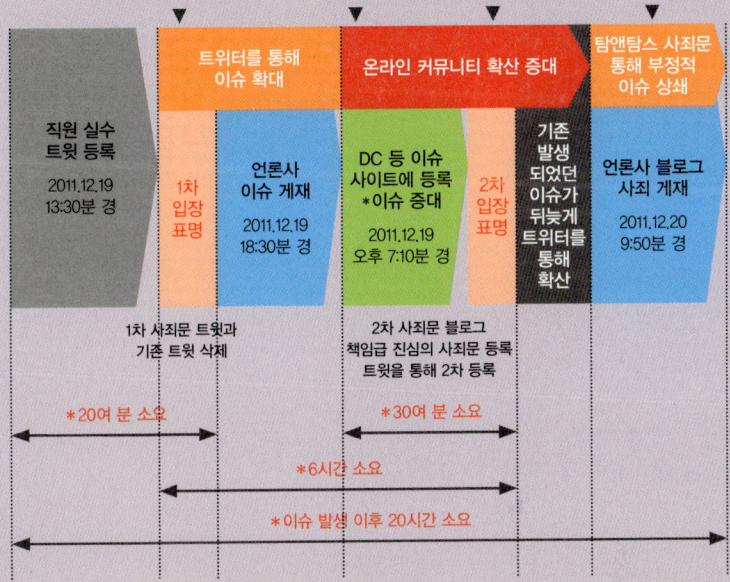

┌───┐
│ ◉ 포인트
│   • 트위터 이슈에 대해서 의사결정 프로세스에 1시간 이내로 빠르게 처리
│   • 책임자급의 진심 어린 사죄를 통해 진정성 어필
│
│ ◉ 사례를 통한 시사점
│   • 고객과 직접적 접점을 가지고 있는 트위터 담당자의 역량 강화
│   • SNS를 통한 이슈 생산에 대한 단시간 대응 프로세스 구축
│   • 운영지침 구축 필요
│   • (★) 진심이 담긴 진정성 있는 대응 필요
│
│ • 출처 http://ebizstory.com/696
└───┘

시작했다.

상황을 지속해서 주시하고 있던 탐앤탐스는 다시 한 번 책임자가 사죄의 의미로 절하는 장면을 블로그상에 올리며 두 번째로 회사차원의 공식 사과문을 발표한다. 주목할 점은 DC인사이드와 같이 당시 인터넷 상의 화제가 퍼지는 관문 역할을 하는 웹사이트를 통해서도 회사 차원의 공식 사과 소식을 알렸다는 것이다. 그렇게 해서 탐앤탐스는 사태 발생 후 채 24시간이 못 돼 가까스로 진화에 성공하게 된다.

탐앤탐스의 트위터 사태 사례는 모바일 환경이 갖고 있는 극적인 양면성에 대해서 어떻게 효과적으로 대비할 수 있느냐에 대한 좋은 시사점을 전해준다. 그저 남들과 작은 소통을 하기 위해 올린 한 장의 옷 사진으로 일어난 아이비 인스타그램의 작은 소동도 만약 그것이 누군가 의도적으로 벌인 일이었다면 아마 훨씬 큰 피해를 아이비에게 끼치게 됐을 것이라고 짐작할 수 있다. 무엇보다도 가볍게 즐길 수 있는 SNS 활동이지만 진정성을 갖고 임해야 한다는 점, 신속해야 한다는 귀중한 교훈을 얻을 수 있다.

탐앤탐스의 사례가 주는 또 다른 시사점은 커뮤니케이션 채널에 관해 고민해야 한다는 것이다. 기업과 브랜드가 고객과 대중들에게 전달하고자 하는 메시지를 그 채널의 특성과 채널 이용자의 성향에 맞추지 않으면 안 된다. 인스타그램에서 행하는 광고와 트위터에서 하는 광고는 달라야 한다. 각각의 채널이 갖고 있는 성격과 주 이용계층의 특징이 서로 다르기 때문이다.

이를테면 탐앤탐스 트위터 사태에서 책임자가 자필로 쓴 사과문과 바닥에 엎드려 사죄의 절을 하는 사진 자료가 올라온 것은 트위터가 아니라 네이버에 개설했던 회사의 공식 블로그에서였다. 트위터의 특징이 140자 이하의 단문 위주의 서비스였기 때문에 진지한 반성과 사과의 모습을 보여주기에는 적합하지 않은 채널이었던 셈이다. 당시에 탐앤탐스가 인스타그램에 계정을 운영하고 있었고, 요즘처럼 인스타그램의 인기가 높은 상황이었다면 네이버 블로그보다는 인스타그램을 통해서 자필 사과문과 사죄 동영상을 올렸을 것이다.

지금까지 인터넷 공간에서는 케첩녀 사건과 비슷한 일들이 적지 않게 일어났다. 이를테면 ○○당 임신부 폭행 사건이나 국물녀 사건과 같은 일들이 대표적이다. 어느 날 한 포털 사이트 게시판에 '식당 종업원이 임신부인 나를 밀어서 넘어뜨리고는 발로 걷어찼다'라는 경악할만한 글이 올라왔지만, 나중에 알고 보니 거짓이더라는 씁쓸한 결말로 끝이 났던 사건이 있었다. 이 일이 있은 후 얼마 되지 않아 또 유사한 일이 일어났다. 한 백화점 푸드코트에서 어린 아이에게 뜨거운 음식 국물을 끼얹고 사라졌다는 어떤 중년 여인에 대한 글과 CCTV 화면이 올라와 네티즌들의 분노가 폭발했지만 이것 역시 그 어린 아이에게 책임이 있다는 사실이 알려지면서 논란이 됐다.

케첩녀 사건과 유사한 일들이 계속 발생하면서 인터넷과 모바일의 발달이 사람들로 하여금 생각 없이 행동하게 하는 것은 아닌가 걱정하게 되기도 한다. 사진과 동영상 같은 이미지들이 모바일 환경의 특성과 맞물리게 되면 〈아고라〉와 같은 게시판에 올라온 글들이 세간의 화제가 되고 큰 소동을 일으켰던 것 그 이상으로 더욱 즉각적이고 더욱 큰 반향을 만들 수 있기 때문이다.

이렇게 정확한 검증을 거치지 않은 사연과 말들이 대중의 감성을 자극하면서 한꺼번에 쏟아져 나오는 모습을 두고 사이버 폭포 현상이라고 부르기도 한다. 한 신문에는 이렇게 이미지와 SNS의 결합이 생각없는 시대를 불러올 것이라는 걱정스러운 기사[6]가 실

---

6) http://news.joins.com/article/19235187

리기도 했다. 미래에 대한 통찰력이 돋보이는 《이미지의 시대》의 저자 앱콘도 이미지가 21세기에는 가장 중요한 커뮤케이션의 수단이 되리라 예측하면서, 텍스트의 시대가 종말을 고하고 앞으로는 이미지와 동영상이 주목받게 될 것이라고 주장했다.

이런 예측은 빠르게 현실이 되고 있는데 미국의 시장 조사기관인 이마케터에 따르면 SNS를 이용하는 전 세계인은 3억7천만 명 2007년에서 9억4천만 명 2011년으로 늘어났으며 2016년 현재에는 이미 10억 명을 훌쩍 넘었을 것으로 보인다. 이 수치는 SNS 이용자가 해마다 연평균 30%씩 늘어나고 있다는 것을 보여준다.

읽을거리

젊고 능력있는 이미지가
이끈 당선

이미 오래전, 앞으로 펼쳐질 이미지의 시대가 어떤 것일지를 마치 상징처럼 보여줬던 사건이 있었다. 1960년, 미국에서는 세계 최초로 대통령 후보의 TV 토론회가 열렸다. 지금은 너무나 익숙한 모습이지만 당시에는 매우 파격적인 일이라 전 세계적인 화제가 됐다고 한다. 이 토론에 나섰던 후보는 젊고 능력있는 케네디와 노회한 정객의 모습을 보여주었던 닉슨 부통령이었다.

총 세 차례 열렸던 이 TV토론회에서 케네디는 젊고 세련된 이미지를 부각하면서 열세였던 지지율을 한껏 끌어올렸고 그 인기를 바탕으로 대통령에 당선된다. 여유 있는 웃음을 지어가며 토론에 임했던 케네디에 비해 닉슨은 토론회 도중 손수건으로 땀을 훔치거나 피곤해 보이는 안색으로 토론회를 보는 시청자들에게 부정적인 이미지를 심어주었던 것이 결정적인 패배의 요인이었다고 당시의 전문가들은 풀이하기도 했다.

비록 암살범의 총탄에 비극적으로 목숨을 잃었지만 케네디 대통령은 지금까지도 젊고 능력있으며 세련된 정치인의 대명사로 여겨진다. 그런데 정말 놀라운 것은 토론에서 맞섰던 케네디와 닉슨의 나이 차이가 불과 네 살밖에 되지 않았다는 사실이다. 뿐만 아니라 오히려 닉슨이 훨씬 건강했다는 것도 훗날 알려졌다.

당시 케네디 후보는 여러 가지 질환으로 건강이 매우 좋지 않았을 뿐만 아니라 허리 통증 때문에 각종 약물을 복용하고 있었지만 네 살 많은 닉슨은 그렇질 않았다. 단지 선거 유세를 하다가 승용차 문에 무릎을 부딪쳐 생긴 염증 치료차 병원을 방문한 것이 언론을 타면서 닉슨은 케네디에 비해 건강하지 못하다는 이미지를 심어줬다. 또 한 가지 방송용 메이크업을 하지 않고 TV카메라 앞에 서게 된 것이 승패를 갈랐다.

이는 이미지가 정치에까지 개입할 수 있다는 것을 생생하게 보여준 최초의 사례였다. 토론회에서 보여주었던 두 사람의 의견에 대해서는 오히려 닉슨이 케네디를 앞섰다고 평가받았지만 결국 젊고, 세련되며 능력 있어 보이는 케네디의 이미지가 닉슨을 패배시켰다 볼 수 있기 때문이다.

헤밍웨이 보다 사진 한 장의
힘이 센 이미지 전성시대

이처럼 모바일화로 대표되는 IT기술의 발달이 가져온 거대한 변화 중 지금 우리가 주목해야 하는 것이 바로 이미지의 시대가 도래했다는 사실이다. 이미지의 시대는 케네디를 대통령으로 만들어 준 TV 토론회보다 더 큰 영향을 우리에게 미치게 될 것이 분명하다. 가능성의 단계를 지나 현실 깊숙한 곳까지 이미 들어왔다. 평범한 사람들의 삶은 물론이고 마케팅 현장에도 이미지는 직접적인 영향을 미친다. 잘 쓰인 텍스트보다 평범한 사람이 찍은 사진 한 장이 훨씬 큰 반향을 일으키기도 한다.

```
"For sale:
Baby shoes. Never worn."
        E. Hemingway
```

　여전히 이미지보다는 텍스트의 위력이 더 강하다고 생각하는 분들과 간단한 실험을 해보도록 하자. 위에는 두 가지 자료가 있다. 하나는 순수한 텍스트이고 나머지는 평범한 사진이다. 이 두 자료 중 어떤 것에 먼저 관심이 가는지 생각해보자. 다른 사람들에게도 물어보도록 하자. 이 두 자료 중 어떤 쪽에 눈길이 가고, 감정이 움직일까? 십중팔구, 오른쪽의 사진일 것이다.

　한눈에 보기에도 뭔가 가슴을 찡하게 만드는 장면이지 않은가. 신발도 신지 못하고 있는 가난한 여자아이에게 자신의 슬리퍼를 벗어주는 노인을 찍은 사진. 그런데 촬영기술이 대단해 보이지도 않는다. 그저 평범한 사람이 지극히 평범한 사람들을 찍은, 소박한 사진이다. 그럼에도 이 사진이 많은 사람들의 이목을 먼저 사로잡을 수 있는 이유는 지극히 평범하지 않은 순간을 잘 잡아냈기 때문이다. 아마 우리가 알고 있는 신사紳士라는 말은 저 사진 속의 노인과 같은 사람을 가리키는 단어가 아닐까?

　반면 왼쪽의 자료는 반응이 뒤늦게 나타날 수밖에 없다. '이게 무슨 뜻이지?'라는 이해의 과정과 '아, 그렇구나'하는 감정의 과정을 거쳐야 하기 때문이다. 의미는 너무나 단순하다. '판매.

아기 신발. 착용한 적 없음.' 이 여섯 단어짜리 문장은 내기 때문에 쓰였는데 어떤 사람이 한 소설가에게 "당신이 그렇게 유명한 소설가라면 여섯 단어로도 사람을 울릴 수 있겠지요? 성공한다면 내가 돈을 주리다"라고 말하면서 내기를 걸었다고 한다. 잠시 생각을 하던 그 소설가가 쓴 것이 바로 위의 여섯 단어였다.

곧 태어날 아기를 위해 준비했던 아기용 신발을 판매하려 한다는 것은 아기가 신발을 신을 수 없게 됐다는 의미이니 아마 태어난 아기가 숨을 거뒀다는 그런 사연을 짐작하게 한다. 소설가가 여섯 단어를 쓰자 곁에서 구경하고 있던 사람들이 이 짧은 문장을 잠시 쳐다보더니 분위기가 숙연해졌고 몇몇은 눈물을 훔치기 시작했다고 한다. 결국 소설가는 내기에 이겨 돈을 가져갔다. 그가 바로《노인과 바다》,《누구를 위하여 종은 울리나》를 쓴 어니스트 헤밍웨이였다고 한다.

아마 '헤밍웨이가 쓴 여섯 단어짜리 소설입니다'라고 미리 말을 해줬다면 결과는 달랐을지도 모른다. 하지만 요즘은 텍스트를 읽으면서 그 의미를 음미하는 즐거움보다는 눈으로 보고 즉각적인 감정을 소비하는 일에 훨씬 익숙하다. 헤밍웨이가 쓴 저 여섯 단어 문장에서 느끼게 되는 감정이 슬리퍼를 벗어주는 사진보다 덜해서가 아니라, 그냥 사람들이 무언가를 골똘히 생각하는 것보다는 딱 보면서 무언가를 탁하고 느끼는 것을 더 즐기기 때문이다. 거창한 이유가 있어서가 아니라 그냥 그럴 뿐이라는 것이다.

그런데 어느덧 이렇게 변해버린 사람들의 행태가 기업들과 마케팅, IT 서비스에도 큰 영향을 미치기 시작했다. 너무나 감동적인 텍스트나 상영 시간 2시간짜리 웰 메이드$^{Well-Made}$ 영화나 드라마도 좋아하지만 가볍게 일상을 찍은 셀카를 좋아하고, 미슐랭 스타 레스토랑의 음식 사진만큼이나 지옥 불처럼 뜨겁다는 떡볶이 사진에도 '좋아요'를 누른다. 지극히 평범한 일상의 모습도 모바일 시대에서는 충분히 공감을 얻고 많은 사람들에게 소비될 수 있다는 점이 인스타그램이 마케팅의 훌륭한 채널이 될 수 있으리라고 짐작할 수 있도록 한다.

페이스북 광고가 유튜브보다 더 똑똑하다[7]고 말하는 것도 이처럼 평범한 일상생활 속에서 자연스럽게 노출돼 거부감이 덜하다. 페이스북에 따르면 페이스북 유저는 평균적으로 하루에 14번 정도 페이스북 뉴스피드를 쳐다본다고 한다. 무심코 들여다 보는 페이스북의 짧은 동영상 광고 효과가 유튜브 동영상의 앞부분에 미리 나오는 광고보다 더 크다고 말할 수 있는 이유도 이렇게 가벼운 노출이 가능하기 때문이다.

---

7) http://www.zdnet.co.kr/news/news_view.asp?artice_id=20150114175032&lo=zv41

폴라로 살펴보는
인스타그램의 무한 가능성

이미지 위주의 서비스였던 인스타그램도 이미 동영상 서비스를 시작했지만 초기에는 15초라는 아주 짧은 분량의 동영상만을 올릴 수 있도록 했다. 최근 인스타그램에 올릴 수 있는 동영상은 최대 60초로 늘었음. 그래서 적지 않은 사람들이 '너무 짧지 않을까?'라고 우려했다. 하지만 아주 좋은 반응을 얻을 수 있었는데, 그 반응으로 사람들이 부담없이 소비할 수 있는 분량으로는 절대 모자라지 않는다는 것을 알 수 있게 되었다. 이미지의 소비처럼 동영상도 15초면 충분히 많은 걸 표현할 수 있다.

시대의 변화에 가장 잘 어울리는 이미지 기반의 SNS인 인스타그램을 효과적으로 활용할 수만 있다면 인스타그램은 모바일 시대에 가장 주목받는 마케팅 채널이다. 인스타그램의 인기와 상업적 가능성을 면밀하게 분석한 거대한 인터넷 기업들도 인스타그램 따라하기에 나서고 있다. 국내 최대의 인터넷 기업인 네이버는 폴라^{Pholar}라는 새로운 SNS서비스를 출시했는데 이 서비스에서 주목할 포인트는 바로 태그기능이다. 그동안 검색이나 지식iN, 블로그 등의 주요 기능에 밀려있던 태그를 핵심으로 하는 폴라에 대해서 전문가들은 인스타그램의 폭발적인 성장과 가능성에 직접적인 자극을 받았기 때문이라고 설명한다.

태그를 통해서 비슷한 관심사를 가진 사람들끼리 이미지와 동영상을 실시간으로 공유하고 소통할 수 있도록 설계됐다는 것은 결국 인스타그램의 대표적인 특징인 해시태그와 다를 바 없다. 필자 역시 해시태그를 활용해 인스타그램을 효과적인 마케팅 채널로써 활용하는 방법에 대해 고민 중이다.

삼성전자가 갤럭시S6, 갤럭시S6엣지 모델 이용고객들을 위해 안드로이드의 최신 운영체제인 마시멜로 운영체제 업데이트를 하던 중 갑자기 이를 중단해 화제가 됐다[8]. 전문가들은 멈춤 현상과 몇 가지 오류가 발생했기 때문일 것으로 추측했는데, 그 이유 중 하나가 바로 인스타그램 오류였다. 마시멜로 판올림한 스마트폰으로 인스타그램을 이용할 경우 페이지 사용이 중

---
8) http://post.mk.co.kr/archives/24557

지되는 현상이 나타났다. 이 현상을 고치기 위해서 삼성전자는 인스타그램에 버그 수정을 요청하고 운영체제 업그레이드 작업을 전면 중단했다. 예상치 못한 몇 가지 오류들 때문에 일어난 일이지만 애플과 함께 전 세계 스마트폰 시장을 쥐락펴락하는 삼성전자도 인스타그램에 특히 신경 쓰고 있었다는 사실을 짐작하게 해준다. 인스타그램을 사용하는 이용자의 숫자가 상당한 규모이기 때문에 빚어진 해프닝인 셈이다.

뷰티업계와 패션업계는 이미 인스타그램의 광고 효과에 대해서 암묵적으로 일정한 기준을 갖고 있다. 예를 들면 유명 스타의 인스타그램에 올라온 립스틱 사진 한 장은 얼마, 새로운 시즌의 의상을 입고 촬영한 단독 사진은 비용이 얼마라는 식이다. 협찬 오해를 받았던 아이비의 데일리 패션 사진의 경우를 가정해 본다면 1천만 원 정도의 비용을 줘야 한다고 한다.[9] 필자가 알기로도 이렇게 돈을 받고 자신의 인스타그램에 사진을 올리는 유명인들이 꽤 된다. 발 빠른 일부 엔터테인먼트 에이전시들은 이런 수요와 공급을 연결해주고 수수료를 받는 비즈니스 모델을 이미 하고 있다고 한다. 이런 일을 전문적으로 하는 SNS 에이전시도 이미 있을 정도다.

인스타그램을 이렇게 노골적으로 마케팅의 도구로 활용하는 이유는 크게 세 가지로 설명할 수 있다. 첫 번째, 사용자 계층이

---

9) http://news.chosun.com/site/data/html_dir/2015/10/02/2015100202536.html

비교적 명확하다는 점 때문이다. 앞서 말했듯, 2016년 4월 현재 이미 전 세계적으로 매월 4억 명의 사람들이 인스타그램을 이용하는 것으로 조사됐는데 이들 인스타그램 이용자 중 70% 가량이 여성이고, 나이별로는 35세 미만의 이용자가 90%라고 한다. 결국, 35세 이하의 여성들을 시장으로 하는 제품과 서비스의 마케팅에 있어서 인스타그램은 아주 효과적인 마케팅 채널이 된다.

대표적인 분야가 맛집, 화장품, 뷰티업계, 패션, 운동 및 헬스업계 역시 인스타그램 마케팅에 가장 적극적인 업종으로 꼽힌다. 화장품의 경우에도 로션이나 에센스와 같은 스킨케어 제품보다는 색상이 분명히 드러나는 립스틱, 아이섀도 같은 종류의 화장품들이 인스타그램을 통한 광고효과가 크다. 이외에도 사람들이 주목할 만한 이미지가 넘쳐나는 패션업계나 여행업계도 인스타그램 마케팅에 적극적이다.

인스타그램이 마케팅에 적극적으로 활용되고 있는 두 번째 이유는 바로 편의성이다. 트위터나 블로그와 같은 SNS에는 글을 써야 하지만 인스타그램은 한 장의 이미지만 있어도 업로드가 가능하다는 결정적인 장점이 있다. '굳이 어떻게 써야 하지?'라고 고민할 필요가 없는 서비스이기 때문에 마음에 드는 물건이나 분위기 좋은 음식점, 혹은 장소를 발견하면 곧장 폰카로 찍은 후 인스타그램에 올릴 수 있다.

유저들이 해야 하는 수고란 겨우 해시태그와 그것에 어울리

○ 인스타그램에서 두브로브니크라는 해시태그를 검색시 나오는 이미지들에 대한 캡쳐 화면

는 단어 정도만을 쓰면 될 뿐이다. 이를테면 시내의 유명 백화점에 걸린 인기 아이돌 가수 수지가 립스틱 모델로 나온 사진이 걸려 있을 때 광고모델과 같은 색깔의 립스틱을 한 사람이라면 그 사진을 배경으로 자신의 입술이 강조된 셀카를 찍어 올린 후, #수지립스틱이라고 적기만 하면 된다. 게다가 왠지 인스타그램에 올린 사진은 근사해 보이는 데다 어려울 것도 하나도 없다. 그 이유는 원래 인스타그램이 스마트폰 사진을 예쁘게 보정해주는 어플에서 시작된 서비스이기 때문이다.

마지막 세 번째 이유는 해시태그이다. 인스타그램 이용자들은 이 해시태그를 통해서 다른 이용자들을 한꺼번에 모아서 커뮤니케이션 할 수 있다. 예를 들어, 크로아티아의 아름다운 도시 두브로브니크 여행을 계획하고 있는 사람이라면 인스타그램에서 #두브로브니크라고 검색하면 두브로브니크와 관련된 이미지와 유저들을 일목요연하게 정렬하여 쉽게 볼 수 있다.

  태그 기능이 강조된 폴라를 네이버에서 만든 이유 중 하나도 마찬가지이겠지만 해시태그가 가진 기능은 직접 마케팅에 매우 유용하다. 인스타그램 유저들에게서 알고 싶은 정보들을 손쉽게 파악할 수 있다. 페이스북이 전격적으로 인스타그램을 인수했던 이유 중 해시태그의 가능성이 중요하게 포함되어 있으리라는 것을 어렵지 않게 짐작하게 된다.

읽을거리

공룡 페이스북은 왜
보정 앱 인스타그램을 인수했을까?

　인터넷 마케팅에 관심이 있는 사람들은 2012년, 한창 잘나가던 페이스북이 11억 달러라는 엄청난 돈을 주고 인수한 것이 겨우 사진 보정 앱이라는 사실에 '아니 왜?'라며 고개를 갸웃거렸었다. 페이스북에 있는 능력 있는 개발진들이 작정하고 만든다면 인스타그램보다 더 좋은 서비스를 만들지 못할 리도 없다. 페이스북의 사업이 워낙 잘되는 덕분에 돈이 넘쳐나서 그렇게 거액을 들여 인스타그램을 사들였을 리도 없을 테고 말이다.

　페이스북이 인스타그램을 M&A한 가장 중요한 이유는 시간을 구매하는 행위라고 볼 수 있다. 페이스북의 성장이 영원히 계속된다고 할 수는 없다. 그렇다면 앞으로 어떤 서비스들이 많은 사람들의 선택을 받게 될까를 살펴봤을 것이고 스마트폰 카메라 성능의 비약적인 발전이 이뤄지고 있는 상황을 고려한다면, 결국 이미지 위주의 SNS가 주목을 받으리라 판단했을 것이다.

　시장의 변화를 관찰하다가 그 흐름의 방향에서 '이런 서비스가 뜨겠다'라는 결론이 나면 그 서비스에 뛰어드는 방법을 결정하게 된다. 첫 번째는 직접 개발을 하는 방식이고, 두 번째는 M&A이다. 구글이나 애플, 페이스북 같은 거대한 기업들은 보통 후자의 방법을 자주 선택하는데 그 이유가 시장을 효과적으로 선점하기 위해서이다. 해당 서비스에 필요한 원천 기술을 보유하고 있는 기업이 거나 거의 독점적으로 폭발하는 시장을 장악하고 있는 기업을 신속하게 인수해서 시장을 초기부터 장악하고 파이를 키우는 전략이다.

검색엔진 시장에서 구글에 밀려 고생하던 야후가 텀블러를 전격적으로 인수한 것도 페이스북처럼 이미지 기반 SNS가 인기를 얻을 것이라고 결론내렸기 때문이다. 이렇게 전격적이고 거액의 M&A를 통해서 초기 시장을 효과적으로 장악한 것으로 모바일 결제 시장을 장악하기 위해서 삼성전자가 미국의 벤처기업 루프페이를 인수한 것이나 스마트홈 플랫폼 구축을 위해 IoT 특허를 1억 달러약 1,147억 원에 인수한 SKT의 사례 등을 들 수 있다.

페이스북이 인스타그램을 인수한 것은 직접 개발하는 것보다 시간을 단축할 수 있으면 무조건 사들이자는 결단에서 비롯된 의사결정이라고 볼 수 있다. 조만간 크게 성장할 시장을 경쟁자들이 치고 들어오기 전에 단축한 시간을 지렛대 삼아, 경쟁자들이 쫓아오기 힘든 격차를 만들어 '게임 끝!'의 상황을 만들겠다는 계산인 셈이다. 페이스북의 이러한 전략은 성공적으로 진행되고 있는데 플리커나 텀블러, 핀터레스트가 인스타그램에 밀리고 있는 모습이

뚜렷해지고 있다.

 또 한가지 이유를 짐작해 볼 수 있는데 인스타그램의 해시태그를 통해서 얻을 수 있는 정보를 효과적으로 분석해낼 수 있다는 자신감이 페이스북에 있기 때문이라고 생각된다. 인스타그램의 인수에 대해서 전문가들이 의문을 가졌던 이유 중 하나는 인스타그램이 페이스북과는 달리, 가입이 매우 간단하다는 점이었다. 서비스를 이용하기 위한 회원 가입 시에 다양하고 매우 정확하고 엄격한 정보가 필요한 페이스북과는 달리 인스타그램은 이메일 계정만 적으면 가입과 서비스 이용이 가능했기 때문이다. 인스타그램의 이용자가 많다고 하더라도 당장 페이스북이 얻을 수 있는 이용자 정보가 별로 없을 것이라는 이유에서 '인스타그램이 11억 달러 값어치를 할 수 있을까?'라고 회의적으로 생각했을 것이다.

 하지만 지금에 와서는 페이스북이 왜 인스타그램을 인수했는지에 대해서 전문가들 사이에서 훌륭한 선택이라는 의견이 많다. 페이스북 피인수 후 인스타그램 가입방법에 페이스북 아이디를 활용하는 것이 추가됐다. 페이스북 유저라면 인스타그램에 따로 회원가입절차가 필요없게 됐다는 뜻인데, 이 말은 인스타그램 유저인데에도 다양한 로그인 정보를 확보할 수 있게 됐다는 것이다.

 인스타그램 인수가 잘한 결정이라고 보는 또 다른 이유는 페이스북의 타겟 광고 노하우 때문인데, 어떤 광고 플랫폼보다도 더 강력한 타겟 마케팅이 가능할 뿐만 아니라 추가적인 마케팅을 하기에도 매우 효과적이라는 사실이 점차 드러나고 있다. 이를테면 페이스북의 동영상 광고 옵션은 광고주들에게 합리적인 대안을 제시한다. 페이스북에서 광고하는 것은 TV 광고를 구매하는 것과 비슷한데 광고 캠페인의 시작 일자와 종료일, 광고의 도달 범위 등을 광고주가 설정하면 필요한 예산까지 자동으로 산출된다. 편리할 뿐만 아니라 페이스북의 정보해석 능력 덕분에 그 예측 정확도는 99%에 달한다고 페이스북 측은 말한다.

이런 페이스북의 광고 노하우가 광고주로 하여금 자신들이 집행한 광고의 예산이 정확하게 사용되고 있고 효과를 얻고 있는지를 눈으로 볼 수 있도록 하고 있다고 한다. 인스타그램이 페이스북과 같은 기본적인 개인정보를 갖고 있지는 않지만 실시간으로 축적되는 유저들의 이용정보를 해석, 광고 효과로 연결할 수 있을 것이라는 짐작을 할 수 있게 해준다.

4
instagram marketing

비주얼 마케팅에
최적인 마케팅 툴

케네디의 TV토론회나 헤밍웨이와 어느 평범한 사진의 사례를 통해서 이제는 이미지의 시대라고 주장하지 않아도 이미 이미지의 영향력은 쉽게 실감할 수 있다. 텍스트를 대표하는 시인과 소설가도 잘 생긴 외모가 판매에 상당한 영향을 미친다는 것은 이미 출판계의 공공연한 비밀이라고 한다.

소설가의 얼굴이 표지에 나온 소설이 적지 않고, 어느 블로거가 올린 가슴을 울리는 윤동주의 시 〈별 헤는 밤〉 포스트를 읽으면서도 '윤동주, 정말 잘생기지 않았나요?'라는 댓글이 달리는 시대가 됐기 때문이다. 인스타그램이 트위터를 제치고 세계에서 두 번째로 사용자가 많은 SNS가 됐다[10]는 소식은 시장조사 기업 닐슨코리아가 조사한 인스타그램 이용자 현황에서도 잘 드러난다. 페이스북이 인스타그램을 인수한 2012년 초 인스타그램의 국내 월간 이용자는 22만 명 정도였지만, 2년 뒤인 2015년 2월에는 3백11만 명으로 14배 가까운 성장을 기록했다.

반면 140자라는 짧은 텍스트 서비스로 전 세계 인터넷 이용자들의 폭발적인 사랑을 받았던 트위터는 급격하게 위축되고 있다. 인스타그램의 폭발적인 성장이 일어나던 2015년부터 실제 사용자수의 증가도 거의 없으며 회사도 더 이상의 성장을 멈췄기 때문이다. 인력 감축의 구조조정을 단행했지만 트위터의 위기 상황은 계속돼 급기야 2016년 초 고위 임원의 절반이 퇴사를 하는 상황[11]에까지 이르렀다. 페이스북과 치열한 경쟁을 벌이던 트위터는 이제 이용자 숫자가 3억 명을 조금 넘는 상태에서 정체되어 있어 4억 명의 사용자를 기록하게 된 인스타그램보다 뒤처지는 신세가 됐다.

한 디지털미디어 기업이 발표한 자료[12]에 따르면 국내에서 가장 많이 이용된 SNS는 페이스북 59.8%, 카카오스토리 17.1%, 인스타그램 10.3% 순이고 트위터는 네이버 밴드 Band 에도 뒤진 2.4%의 점

---

10) http://biz.chosun.com/site/data/html_dir/2015/03/08/2015030802830.html
11) http://news.chosun.com/site/data/html_dir/2016/01/26/2016012601368.html
12) http://m.ujnews.co.kr/news/articleView.html?idxno=250690

유율을 기록한 것으로 나타났다. 주목할 점은 페이스북의 점유율이 압도적이기는 하지만 전년대비 4.7% 하락한 것에 비해 인스타그램은 6.4% 성장했다는 점이다. 이를 통해 페이스북의 인스타그램 인수가 SNS 시장의 변화흐름에 잘 대비한 성공적인 M&A였다는 사실을 엿볼 수 있다.

비주얼에 능한 자, 성공하리라

이미지의 시대는 마케팅에서도 필연적으로 비주얼^{Visual}의 영향이 커질 수밖에 없다. 한 경제신문은 흥미로운 분석기사를 실었는데 '의류업체 GAP 실적 부진은 인스타그램 때문'이라는데[13]라는 제목의 이 기사에서 이미지가 기업의 실적에 직접적인 영향을 미칠 수 있다는 가능성을 엿볼 수 있게 된다.

기사에 따르면 미국의 의류브랜드 GAP이 글로벌 시장에서의 실적 부진 때문에 구조조정을 하게 됐다고 한다. 13개월 동안 연속적으로 매출이 감소할 정도의 심각한 상태를 타개하기 위해서인데 북아메리카 지역의 175개 매장이 문을 닫았다. 이 수치는 북미 전체 매장 675개의 26%에 달한다. 이러한 부진의 원인에 대해 〈뉴욕타임스〉에 실린 분석기사는 인스타그램 때문일

---

13) http://plus.hankyung.com/apps/newsinside.view?aid=201506231112A&category=AA006&isSocialNetworkingService=yes

것이라는 해석을 내놓고 있다. 〈뉴욕타임스〉의 패션 분야 기고 자인 에티토리얼리스트의 공동설립자 케이트 허드슨은 GAP의 전성기인 1980~90년대에는 사람들이 패션 정보에 접할 기회가 그리 많지 않아서 기본적인 디자인과 비즈니스 캐주얼 제품 위주의 브랜드인 GAP이 인기를 끌 수 있었지만, 인터넷과 블로그 등의 SNS가 발달한 요즘에는 최신 유행의 옷이 인기를 끌 수밖에 없으므로 GAP이 역설적으로 철 지난 옷, 오래된 느낌을 주는 브랜드가 됐기 때문일 것이라는 해석을 내놓았다.

전통적으로 패션 산업의 기업들은 1년에 두 차례 봄/여름 시즌과 가을/겨울 시즌의 제품을 출시하는 데에 비해 자라나 망고, H&M과 같은 SPA 브랜드들은 각각의 시즌 중에도 새로운 제품을 끊임없이 출시한다. 이들 SPA 브랜드들은 평균적으로 2주마다 한 번씩 판매 제품을 교체하고 있으므로 사람들로 하여금 '지금 사지 않으면 다음에는 이 옷은 없다'라는 생각을 갖게 할뿐더러 새로운 옷에 대한 사람들의 열망을 잘 충족시켜준다.

SPA 브랜드들이 만들어내고 있는 이런 패션업계의 빠른 변화의 움직임은 사람들로 하여금 인스타그램에 새 옷을 구매하고 그 착용 사진을 찍어 올리게끔 만드는 원동력이 되어준다. 따라서 이제는 유명 브랜드의 패션쇼가 열리면 어김없이 그 현장 사진과 옷 그리고 모델 사진이 인스타그램에 풍성하게 올라온다. 예전 같으면 TV 카메라와 각종 언론 매체들의 보도 사진 정도가 일반 대중들에게 노출됐던 것에 비하면 인스타그램에 올라오는 패션쇼 관련 사진들은 저마다의 팔로워들을 통해서 노출되기 때문에 그 파급효과는 언론매체를 통한 효과보다 더 크다. 패션분야에서의 인스타그램의 위상은 거의 절대적이라 이제는 옷 잘 입는 것으로 유명한 패션 피플들의 스마트폰에 인스타그램이 깔려있지 않은 것은 상상할 수도 없게 됐다. 이들 패션 피플들의 스마트폰 카메라가 사진을 찍어올릴 때마다 인스타그램을 통해서 그 패션쇼의 홍보효과가 배가되기 때문에 주최측에서도 '인스타에 올려주세요'라는 멘트를 잊지 않고 있을 정도다.

안타깝게도 SPA 브랜드들처럼 새 옷에 대한 콘텐츠를 다른 사람들과 소통하고 싶어하는 욕망을 GAP이나 아베크롬비 같은 패션 브랜드들이 잘 충족시켜주고 있지 못하다는 사실은 이들 브랜드들이 침체하고 있는 이유를 설명해 줄 수 있다. 이것은 반대로 인스타그램 유저들을 잘 활용하면 유명한 패션 브랜드가 될 수 있다라는 가능성이 되기도 한다. 아이비가 입고 있던 어느 신인 패션디자이너가 유명세를 갖게 된 것처럼 말이다.

한때 글로벌 시장에서 대단한 인기를 끌던 GAP이 몰락의 길을 걷고 있는 동안 비슷한 콘셉트의 패션 브랜드이지만 여전히 승승장구하고 있는 업체도 있다. 그중 하나가 몇 해 전 서울 명동에 아시아 최대 규모의 매장을 오픈한 일본의 저가 패션 브랜드 유니클로다. 유니클로는 GAP처럼 기본이 되는 디자인의 옷들을 판매하고 있는데 자라나 H&M과 같은 SPA 브랜드지만 가

성비 좋고 쿨한 이미지를 갖고 있다. 다른 SPA 브랜드들의 옷이 패스트 패션이라는 별명처럼 빨리 입고 빨리 버리는 옷에 중점을 두고 있는데 비해, 유니클로는 빨리는 만들지만 기본이 충실해서 오래 두고 입을 수 있는 옷을 만든다.

그런데 유니클로가 대중들로부터 얻고 있는 이미지 중에서 중요한 포인트는 '쿨하다'라는 것이다. 유니클로는 대중들과의 소통에 관심이 많은 패션브랜드들 중에서도 단연 앞서 있다. 지난 2007년부터 이미 유니클로는 네티즌들과의 소통에 관심을 쏟고 있는데 트위터나 페이스북, 인스타그램의 SNS를 운영하고 있고 유니클록^{Uniqlock}과 같은 스크린 세이버를 만들어 공짜로 배포한다. 이 유니클록은 단순한 스크린 세이버가 아니라 시간을 알려주는 시계기능과 함께 전 세계의 다양한 사람들이 재미있는 몸동작을 보여주는 기능이 있는데, 유니클록의 동작을 따라 하는 사람들을 찍어 블로그에 올리거나 유튜브 같은 동영상 사이트에 올릴 정도로 좋은 반응을 얻고 있다.

유니클록의 아이디어는 칸 광고제에서 그랑프리를 받기도 했는데 이런 다양한 소통의 노력 덕분에 GAP과 같은 기본적인 의류만을 판매함에도 유니클로는 지난 2015년 패션브랜드 최초로 국내시장에서의 연 매출 1조 원을 돌파할 정도[14]로 승승장구 중이다. 유니클로의 성공과 GAP의 침체는 마케팅에서 비주얼

---

14) http://okfashion.co.kr/detail.php?number=42177&thread=81r01r11

이라는 요소가 SNS와 맞물렸을 때 얼마나 효과적인가를 보여준다.

비주얼과 바이럴, 스타벅스와 허니버터칩 그리고 재래시장의 공통점

인스타그램이 요즘과 같은 이미지의 시대에 훌륭한 마케팅 도구가 될 수 있다는 주장에 대해 조금 더 구체적으로 설명해보도록 하자. 이미지의 시대에 적합한 인터넷 서비스가 인스타그램만 있는 것은 아니기 때문이다. 우리나라에서는 큰 인기를 모으지 못하고 있지만 플리커www.flickr.com도 태그Tag를 기반으로 하는 이미지 서비스이고 핀터레스트www.pinterest.com는 미국프로농구협회NBA에서 소속 선수들의 경기모습을 담은 사진을 올리고 기념품을 판매하는 채널로도 활용되고 있어서 보다 직접적으로 마케팅에 활용되고 있다. 그렇다면 인스타그램이 플리커나 핀터레스트보다 더 효과적인 마케팅 도구가 될 수 있는 이유는 무엇일까?

그 첫 번째는 앞서 언급한 것처럼 더 많은 사람이 이용하고 있고, 앞으로는 더욱 그렇게 될 것이라는 점이다. 이용방법이 인스타그램이 플리커나 핀터레스트보다 훨씬 쉽고, 기능이 강력하거나 한 것은 아니다. 그 강력한 증거가 바로 페이스북이다. 써본 사람들은 대부분 인정하는 것이 페이스북이 쓰기 쉽지 않다는 점이다. 게다가 가입할 때에 입력하는 정보 다 반드시 본인의 실명으로만 가능하다는 점도 불만거리였다.

이슬람을 믿는 국가에서 공격대상으로 지목받기도 했던 책 악마의 시의 저자인 살만 루시디Ahmed Salman Rushdie는 페이스북의 엄격하고 완고한 실명 정책 때문에 자신의 필명이자 중간 이름인 살만Salman이 아닌 아메드Ahmed 루시디라는 이름을 써야 했을 정도다. 결국, 페이스북의 CEO인 주커버그에게 살만 루시디가 직접 항의의 메일을 보내고서야 살만 루시디라는 이름을 쓸 수 있었다. 고객의 편의를 최우선으로 하는 인터넷 서비스회사에서는 좀처럼 보기 힘들 정도로 완고한 면이 있지만, 페이스북은 세계에서 가장 많은 사람이 찾는 SNS가 되었다.

그동안의 인터넷 서비스 시장이 승자에게 자금력과 우수한 인력이 쏠리는 현상을 보여왔다는 것을 고려해 볼 때, 페이스북의 인스타그램 인수는 인스타그램이 다른 이미지 기반 SNS를 물리치고 승자가 될 확률이 매우 높을 것이라는 예측을 가능하게 해준다.

인스타그램이 더욱 효과적인 마케팅 도구가 될 수 있을 것으로 보는 두 번째 이유는 바이럴Viral 효과 때문이다. 더 많은 사람들이 이용하고, 사람들이 더 활발하게 서로 커뮤니케이션하는 과정에서 바이럴 효과는 배가 된다. 어떤 분야의 경쟁에서 승리하는 기업에게 거의 모든 혜택이 집중되는 것이 인터넷 서비스

업계의 현실이라는 점을 고려한다면 첫 번째 이유와 맞물려 인스타그램의 바이럴 효과가 다른 이미지 기반 SNS의 그것보다 높을 것이라는 사실을 짐작하게 한다. 이미지의 시대가 됐다는 점은 트위터나 블로그 같은 다른 SNS의 바이럴 효과보다 높아질 것이라는 사실 역시 짐작가능하다.

요즘 쉽게 접할 수 있는 단어인 바이럴Viral이라는 말은 바이러스Virus와 구두의Oral의 합성어이다. 굉장히 빠른 속도로 퍼지고 그 영향력 역시 큰 바이러스처럼 입소문을 퍼뜨린다는 뜻으로 쓰이는 표현이다. 보통 블로그나 SNS 등에 알리고자 하는 대상에 대한 글이나 이미지, 동영상 등을 집중적으로 업로드하고, 좋아요 같은 커뮤니케이션 행위를 통해서 널리 퍼뜨리는 방식으로 사용된다. 그렇다면 인스타그램을 통해서 어떻게 바이럴 효과를 높일 수 있는가가 관건이다.

성공적인 바이럴 사례를 분석해보면 그 힌트를 얻을 수 있다. 대표적인 노하우 중 하나가 바로 유행을 따른다는 것이다. 네이버나 다음의 실시간 검색 순위를 보고 있으면 굉장히 다양한 검색어의 순위가 오르락내리락 거리는 것을 볼 수 있다. 이런 실시간 검색어 순위에 오른 단어를 다시 포털사이트 메인검색에서 찾아보면 그 단어가 왜 사람들의 화제에 오르고 있는지를 알 수 있게 된다.

예를 들어 인기 아이돌 가수의 복귀 소식이 있으면 실시간 검색어에 반영되고, 큰 사건 사고가 일어나도 실시간 검색어에 반영되게 마련이다. 그중에서 바이럴 효과를 위해서는 유행어와 같이 문장이나 단어가 여러 가지 상황에 자주 사용되는 것이 무엇인가를 살펴볼 필요가 있다. 보통은 인기 있는 TV 드라마나 예능 프로그램에서 이런 유행어들이 자주 등장하기도 한다. 2015년 하반기에 가장 인기있었던 유행어는 단연 '~전해라'였다. 한 예능 프로그램 화면에 어느 무명 트로트 가수가 노래를 부르는 장면이 방영된 것이 ~전해라 유행의 시작이었다. 〈백 세 인생〉이라는 노래에 못 간다고 전해라라는 가사가 있는데 마침 그 장면이 예능 프로그램에 코믹하게 등장했다.

그런데 이 가사가 매우 다양한 상황에 절묘하게 맞아 떨어지며 웃음을 자아내 너도나도 따라 하게 되었다. 이를테면 늦잠을 자는 바람에 지각하게 된 직장인이 아예 결근해야 하는 절망적인 상황에서 직장 상사에게 '늦잠 자서 못 간다고 전해라'라고 한다거나 하는 식이다. 새로 신설됐던 국제 야구대회 프리미

● 2015년을 강타한 유행어, 못 간다고 전해라

어 12에서 주최 측인 일본의 꼼수에 우리 대표팀이 번번이 골탕을 먹었지만 8회 말 대역전극을 통해서 일본을 꺾고 결승전에 진출하게 되는 통쾌한 일이 일어났을 때도 이 ~전해라 유행어가 어김없이 등장했다. 중계방송 화면에 패배한 일본 야구 선수의 침통한 얼굴 위로 '결승전 못 간다고 전해라'라는 자막이 등장해 폭소를 자아내게 하기도 했다. 인스타그램을 비롯한 각종 SNS와 인터넷에도 ~전해라라는 자막이 들어간 이미지들이 넘쳐나기도 했다. 각종 광고에도 발 빠르게 적용됐던 것은 말할 필요도 없을 정도다.

~전해라와 같은 유행어는 바이럴 효과를 높이는 데에 매우 중요한 참고가 될 수 있다. 따라서 항상 어떤 것이 사람들에게 유행하고 있는지를 주시해야 한다.

이렇게 특정한 시점에서 많은 사람들에게 인기를 끌고 있는 유행어나 인기 아이템들이 이미지와 효과적으로 결합하면 상업적으로 매우 큰 결과를 낳기도 한다. 예를 들어 신제품이기는 하지만 평범한 감자로 만든 과자인 〈허니버터칩〉은 출시 후 SNS를 통해 인기를 얻게 됐다. 난데없는 〈허니버터칩〉의 인기가 하도 폭발적이어서 인기 아이돌인 소유, 강민경 같은 가수들까지도 앞다투어 인증사진을 올리며 '득템 성공!'과 같은 구매 체험기를 올리는 바람에 품절현상을 낳을 정도로 폭발적인 인기를 끌기도 했다.

〈허니버터칩〉은 4만 개가 넘는 인스타그램의 #허니버터칩 태그에서 짐작할 수 있는 인기를 등에 업고 출시 100일 만에 50억 원의 매출을 기록했다. 신제품의 매출액이 10억 원이 넘으면 히트상품이라고 부르는 식품업계의 관행에 비추어볼 때 엄청난 인기를 끌었다고 할 수 있다. 〈허니버터칩〉을 만든 해태제과의 매출 역시 폭발적인 수치를 기록했다고 하는데, 그 인기가 얼마나 대단했는지 과자뿐만 아니라 온갖 소비제품에 허니버터 열풍이 불었을 정도였다.

이렇게 놀라운 허니버터 열풍에 가장 큰 기여를 한 것이 바로 SNS를 통한 바이럴 효과였다. 대량 생산 제품 말고도 이미지를 통한 바이럴 효과의 사례는 다양해서 활력을 잃고 쇠락해 가던 전통시장을 북적거리게 하기도 한다.

철공소와 연탄 공장 등만 밀집해 있던 서울 성수동 골목은 싼 값의 임대료를 찾아드는 예술인들 덕분에 조금씩 인기를 얻기 시작했고, 인스타그램과 블로그 등을 통해서 색다른 구경거리가 있는 장소로 유명세를 얻게 됐다.

이렇게 사람들이 많이 찾다보니 공장이나 창고로 쓰이던 건물들에는 커피숍과 옷가게 등이 속속 들어서면서 더욱 많은 사람들이 찾는 명소가 됐고 이런 열기를 놓치지 않고 지역상권 활성화로 연결하기 위한 서울시가 성수동에 밀집해있던 구두공장들을 보기 좋게 꾸며 수제화 거리를 조성해 적극적인 홍보에 나섰다. 덕분에 이제는 성수동은 예전의 모습을 더는 찾기 어려운 활력이 넘치는 거리로 변신할 수 있었다.

경복궁 근처의 재래시장인 금천교 시장은 몇 해 전 뜬금없이 입주한 젊은 상인의 감자튀김 가게 청년장사꾼 감자집[15]이 SNS 상에서 독특한 감자튀김으로 유명해지면서 많은 사람들이 찾아오게 되면서 덩달아 시장 전체가 활력을 띠게 됐다. 이 가게는 주말에만 하루 500명 이상의 손님이 방문할 정도의 인기를 얻게 되면서 금천교 시장에 있던 다른 맛집들에도 덩달아 손님들이 찾아오게 되었다. 다른 곳에서 보기 힘든 술안주가 자랑인 술집도 찾아드는 손님들이 독특한 안주를 찍어 SNS에 올리면서 더욱 유명해졌다.

이렇게 사진 한 장과 짧은 텍스트로 이뤄진 SNS의 글이 만들어낸 바이럴 효과는 몰락해가던 전통 시장을 되살리기도 하고, IMF때 부도가 났던 해태제과의 매출을 폭발적으로 늘려주기도 한다. 웰빙 트렌드로 건강에 관심을 갖게 된 사람들이 너나할

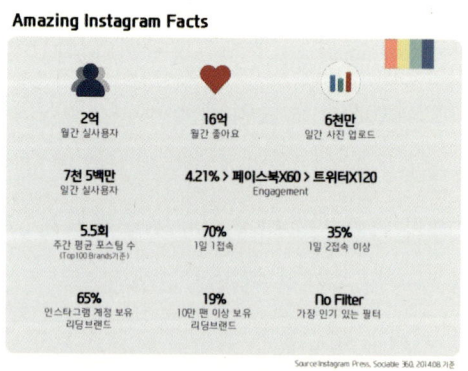

○ 2016년 4월 현재, 인스타그램의 현황

것 없이 운동을 시작하고 자신의 운동 사진을 찍어 인스타그램 등에 올리며 다른 유저들과 소통을 하는 일이 흔해지면서 피트니스 운동복을 파는 회사들의 매출이 올라갔고, 갈증을 해소하기 위해 물병을 들고 다니던 사람들에게는 마이보틀이라는 제품이 SNS를 통해서 핫 아이템이 되기도 했다.

그런가 하면 〈요거프레소〉라는 소형 프랜차이즈에서 출시한 메리딸기라는 제품은 인스타그램을 활용한 마케팅으로 출시 삼 개월 만에 100만 잔을 판매하는 놀라운 성공을 기록하기도 했다. #메리딸기와 등록된 태그만 2만 개가 넘을 정도로 인기를 얻었던 이 제품은, 계절과일인 생딸기를 사용하는 한시적인 것이었다는 점에서 인스타그램을 마케팅에 활용한 대표적인 성공 사례로 볼 수 있다.

15) http://www.hankyung.com/news/app/newsview.php?aid=2015062633981

객관적으로 증명된 인스타그램 마케팅의 효과

블로그나 페이스북이 마케팅에 활용되고 그것에 대한 객관적인 수치로 증명된 자료들이 다양한 데에 비해 아직은 인스타그램 마케팅의 효과에 대한 객관적인 자료는 부족한 것이 사실이다. 그 이유는 우선 인스타그램이 본격적으로 마케팅에 동원되기 시작한 것이 그리 오래되지 않았기 때문이다. 대신 인스타그램을 인수한 페이스북의 매출자료를 통해서 인스타그램의 마케팅적 효과에 대해서 짐작해보는 것은 가능하다.

지난 2016년 1월 27일 페이스북 측이 발표한 〈Facebook

Reports Fourth Quarter and Full Year 2015 Results)[16]를 살펴보면 모바일 분야의 광고 수익이 4/4분기에 주목할 만한 사안으로 기록되어 있음을 알 수 있다. 어닝 서프라이즈$^{Earning\ Surprise\ :\ 생각\ 이상의\ 큰\ 실적}$라는 설명에 걸맞게 페이스북의 광고 수입 중 모바일 분야의 비중이 약 80% 달하는 것으로 나와 있는데, 이 수치는 전년 대비 69%의 성장을 이룬 것이라고 한다. 월가의 예상을 뛰어넘는 이러한 페이스북의 실적에는 인스타그램의 수치가 포함되지 않았는데 아직 페이스북이 인스타그램의 실적을 공개하지 않고 있기 때문이다.

다만 페이스북은 2016년 1/4분기의 인스타그램을 통한 광고 매출에 대해서 높은 실적을 기대하고 있다고 밝히고 있다. 광고를 더 많이 노출하는 방법이 아니라 모바일 광고의 기반을 앱^{Application}뿐만 아니라 웹으로 확장하는 방법이 될 것이라고 했다. 이러한 발언을 통해서 유추할 수 있는 시사점은 페이스북의 풍부한 자금과 정책적 지원에 힘입어 보다 양질의 광고를 올리는 데에 집중할 것이라는 점이다. 다른 인터넷 기업보다 우수한 영업실적 덕분에 페이스북이 인스타그램을 통해 수익극대화에 나서는 것이 아니라 광고효과의 극대화라는 방향으로 나아갈 것으로 보이기 때문이다.

합리적으로 예상 가능한 것은 인스타그램이 광고를 허용한다고 하더라도 과거 블로그나 다른 인터넷 서비스들이 스폰서나

---

16) http://investor.fb.com/releasedetail.cfm?ReleaseID=952040

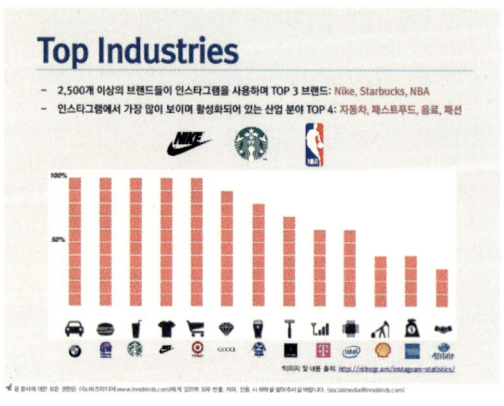

○ 인스타그램 마케팅에 집중하는 산업군들

광고 블로그를 메인 페이지 대부분에 할애하다가 사용자들의 신뢰를 잃게 된 실수를 되풀이하는 것이 아니라, 인스타그램을 보다 양질의 이미지 콘텐츠를 접할 수 있는 미디어로 유지하는 데에 집중할 것이라는 결론에 이를 수 있다.

인스타그램을 마케팅에 활용하기 위해서는 페이스북의 운영 정책과 보조를 맞추는 것이 중요하다. 광고효과를 겨냥하더라도 인스타그램 이용자들에게 좋은 평판과 반향을 얻을 수 있는 방향으로 실행하는 것이 좋다. 이를테면 인스타그램 특유의 실시간 커뮤니케이션 기능을 활용해 고객들의 요구를 즉각적으로 반영, 매출에 긍정적으로 기여하는 방법을 들 수 있다.

그러한 좋은 사례를 맥도널드에서 찾을 수 있다. 세계 최대의 프랜차이즈인 맥도널드는 웰빙 트렌드라는 거대한 흐름 때문에 오랫동안 침체 상태에서 헤어나오지 못하고 있었다. 샐러드 메뉴나 웰빙버거 등을 출시해봤지만 패스트푸드=건강에 좋지 않은 음식이라는 고정관념을 깨뜨리고 하락 추세를 반전시키기에는 역부족이었기 때문이었다. 그런 맥도널드가 지난 2015년 4/4분기에 모두의 예상을 깨고 5.7%라는 경이적인 매출 상승을 기록하였다. 그런데 정작 놀라운 것은 이러한 매출 상승이 신제품의 출시와 같은 전통적인 방법이 아니라는 점이다.

그 비결은 고객과의 소통에 있었다.[17] 맥도널드는 인터넷을 통해서 고객들이 지속적으로 '맥모닝을 점심에도 먹게 해달라' 혹은 '24시간 맥모닝 팔면 안되나?'라는 요구를 해오고 있다는 점에 주목하게 된다. 맥모닝은 이름처럼 아침에 식사하지 못하고 출근하는 사람들을 대상으로 하는 간단한 식사메뉴였는데 반응이 괜찮은 편이었다. 그런데 맥모닝을 요구하는 목소리에 귀를 기울여 정책 하나만을 바꿨던 것이다. 24시간 언제나 맥모닝을 먹게 해줬을 뿐인데 그 매출로 인해서 맥도널드가 폭발적인 성장을 기록할 수 있었던 것이다.

인스타그램 마케팅에 있어서 맥모닝 사례는 좋은 귀감이 될 수 있다. 우리가 고객이라고 부르는 이들이 인스타그램과 같은 SNS를 통해서 무언가를 계속 말하고 있는데 그걸 귀담아 듣지 않는다면 그게 더 이상한 것 아닐까? 마케터들의 귀는 언제나 사람들의 목소리가 들리는 쪽으로 향해 있어야 한다.

---

17) http://www.huffingtonpost.kr/2016/01/27/story_n_9085924.html?utm_hp_ref=kr-business

읽 | 을 | 거 | 리

SNS의 성공비결, 꾸준함과 진정성

　인스타그램은 일면식이 없는 불특정 다수의 낯선 사람들과의 소통도 자주 일어날 수밖에 없다. 그러다 보니 전혀 예상하지 않았던 부작용 또한 흔히 일어나곤 한다. 인기 연예인들이 광적인 팬들에 의해서 스토킹 피해를 보는 것처럼 인스타그램의 인기 유저들이 사이버 스토킹 같은 피해를 보는 일들이 발생하기도 한다.

　호주 출신의 모델인 에밀리 시어스는 인스타그램에서 240만 명이 넘는 팔로워를 가진 인기 유저인데 팔로워 중 몇 명이 자신의 성기 사진을 찍어서 보내는 사람이 있었다고 한다. 대처할 방법을 찾던 에밀리는 사진을 보낸 남자의 SNS에 들어갔다가 그에게 여자친구가 있다는 사실을 알게 됐다.

　에밀리는 독특한 방법으로 그 남자의 스토킹을 멈추게 했는데 남자가 보냈던 사진을 캡쳐해서 그의 여자친구에게 보내면서 '이런 남자를 만나기에는 당신은 아까운 사람'이라는 진심 어린 메시지도 함께 적었다. 그리고는 남자가 보낸 사진을 여자친구뿐만 아니라 SNS에 연결되어 있는 가족들에게도 보낼 수 있다고 정중히 말하는 방법으로 스토킹을 저절로 그만두게 하였다. 실시간 소통이 낳은 부작용을 나름 슬기롭게 극복한 하나의 방법이 된 셈이다.

　에밀리 시어스의 사례가 SNS 때문에 개인차원에서 발생한 피해를 극복한 사례라고 한다면 전기자동차 테슬라의 CEO 일론 머스크의 사례는 회사에 발생한 피해를 SNS를 통해서 극복해낸 경우에 해당된다. 영화 〈아이언맨〉의 실제 모델로도 유명한 일론 머스크는 전기자동차 회사 테슬라 모터를 설립하고 전 세계 시장에 전기차 보급을 위해 애쓰고 있다. 휘발유나 디젤과 같은 화석연료를 사용하지 않는 덕분에 테슬라의 전기차는 친환경적인 자동차일 뿐만 아니라 그 외에도 다양한 장점을 갖고 있는 것으로 유명하다.

일론 머스크는 테슬라 모터가 갖고 있는 전기차와 관련된 많은 특허의 권리를 행사하지 않고 대중들에게 무상으로 공개해 전기자동차 시장 전체가 성장하는 데 기여하고 있다. 덕분에 일론 머스크는 언론이나 대중들로부터 매우 우호적인 평판을 얻고 있었다. 이렇게 잘나가던 그도 갑작스러운 테슬라 자동차의 화재와 같은 몇 건의 사건 발생으로 인해 이미지가 급격하게 추락하게 되는 사태를 맞게 되었다.

그런데 보통 이렇게 홍보 상의 악재가 발생하게 되면 언론과 대중들로부터 침묵하고 소통을 끊는 것이 일반적인 데에 비해 일론 머스크는 정반대로 문제를 해결하기 시작했다. 자신과 팔로잉 관계에 있는 사람들에게 적극적으로 문제의 발생원인과 해결방법을 알렸고, 동시에 테슬라 자동차 때문에 피해를 본 사람들에게 적극적인 사과와 보상을 했다. 결국, SNS를 통한 일론 머스크의 적극적인 소통 덕분에 테슬라 모터가 직면했던 위기 상황은 성공적으로 극복됐다.

혹자들은 이런 모습을 두고 그의 SNS가 아이언맨의 친구이자 비서인 슈퍼 컴퓨터 자비스를 연상케 한다고 말하기도 했다. 일론 머스크가 SNS를 위기 극복에 성공적으로 활용할 수 있었던 것은 그가 평소에도 SNS를 꾸준하게 잘 관리하고 SNS로 활발하게 소통했기 때문이다. 흔히 기업들이 SNS 마케팅의 중요성 때문에 등 떠밀리듯 시작했다가 몇 달 되지 않아 흐지부지 하기 쉽다. 이렇게 해서는 아무런 효과를 볼 수 없는 것은 물론이고, 오히려 팔로잉 관계에 있던 사용자들로 하여금 부정적인 생각을 갖게 하는 역효과만 낳는다.

필자는 강의 때마다 세상의 많은 마케팅 방법이 있지만 그중에서 가장 돈이 들지 않으면서도 매우 효과적인 방법은 바로 SNS라고 말한다. 딱 두 가지만 주의하면 된다. 바로 꾸준함과 진정성이다.

인스타그램 활동도 마찬가지라서 꾸준하게 활동하고 정성을 들인 사람들에게는 반드시 좋은 결과가 따른다. 이를테면 선정적인 내용으로 문제가 됐던 TV 리얼리티 쇼를 통해서 인기인이 된 킴 카다시안의 경우 비교적 이른 시기인 2012년부터 인스타그램을 시작했다. 하루도 거르지 않고 꾸준히 사진을 올리며 관리했고 TV로는 할 수 없었던 팔로워들과의 소통에도 소홀하지 않은 덕분에 그는 5천만 명이 넘는 팔로워를 거느린 인스타그램 최고의 인기인이 될 수 있었다. 데뷔초부터 따라다닌 비호감 이미지를 상당 부분 누그러뜨리는 데에 성공할 수 있었다.

사례로 파헤쳐보는 실전, 인스타그램 마케팅

 # 

선점효과를 톡톡히 누릴 수 있는 최고의 홍보법

마케팅 채널로써의 인스타그램 해부

인스타그램을 활용한 다양한 마케팅 사례 분석

업종별 인스타그램 마케팅 가상 사례

프로젝트 숍, 홍콩비어 안양점으로 확인한 마케팅 효과

i • n • s • t • a • g • r • a • m • m • a • r • k • e • t • i • n • g

선점효과를 톡톡히 누릴 수 있는
최고의 홍보법

　　　　　　　　　　앞장에서 살펴본 것처럼 인스타그램 마케팅이 필요한 이유는 모바일과 이미지 시대라는 중요한 키워드를 모두 만족하게 할 수 있으며 비용이 덜 든다는 결정적인 장점을 갖고 있기 때문이다. SNS의 특징인 고객들과의 실시간 소통이 가능하다는 점도 빼놓을 수 없는 장점이다.

　인스타그램이 이미 트위터를 제칠 정도로 폭발적인 성장을 거듭하고 있다는 점에서 플리커나 텀블러, 핀터레스트와 같은 다른 이미지 기반의 SNS와 비교하며 고민할 필요가 없어졌다는 점도 고려해야 한다. TV 광고나 포털 사이트 배너광고처럼

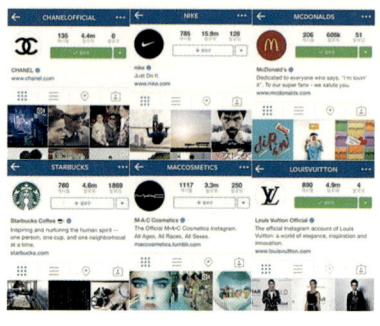

○ 돈 버는 기업들의 비결, 인스타그램

큰 비용이 필요하지도 않으면서 이용하는 사람들이 폭발적으로 늘어나고 있는 매체를 마케팅 채널로 사용하지 않는다는 것이 오히려 더 이상한 일이 아닐까?

사람들이 많이 찾아온다는 것은 곧 마케팅 채널로서의 가치가 높아지는 것을 의미한다. 인스타그램 마케팅은 더 많은 분야에서 더욱 활발히 시도될 것이다. 따라서 필자는 하루빨리 인스타그램을 해야 한다고 주장한다. 선점 효과를 누려야 하지 않겠는가. 이용자가 많아지면 상업적인 시도 역시 많아지게 되고, 인스타그램에 상업성이 짙은 사진과 동영상이 많아지게 되면 커뮤니케이션 채널로서의 가치가 떨어질 수밖에 없게 된다. 인스타그램에서 이러한 상황을 방치할리 없기 때문에 로직을 변경하거나 운영정책을 변경하는 방식으로 대응하게 마련이다.

그렇게 되면 현실적으로 인스타그램에서 시도할 수 있는 마케팅 아이디어들의 폭이 좁아지게 된다. 팔로워를 확보하기 위해서 이전에는 허용되던 방법이 갑자기 금지가 된다거나 하는 일이 생길 수도 있다. 네이버 블로그가 그러했고, 카카오 스토리가 그러했던 것처럼 말이다. 결국, 시간이 지날수록 인스타그램에서의 마케팅 활동은 조금씩 어려워지게 된다.

검색결과의 노출이 중요한 블로그와는 달리 SNS 마케팅은 자신이 포스팅하는 소식이 팔로워들에게 알려지는 원리를 활용하는 것이므로 가장 우선시해야 할 것은 팔로워 숫자일 수밖에 없다. 따라서 가능한 팔로워 숫자를 늘리는 것이 중요하다. 앞서 얘기한 세계적인 일렉트로닉 DJ가 되기 위해서 개그맨 박명수가 "팔로우해!"라고 호통치는 이유이기도 하다.

인스타그램의 인기가 더욱 높아지면 질수록 다양한 마케팅 아이디어의 적용이 어려워질 수밖에 없다. 예전의 네이버 블로그가 그랬고, 페이스북이 그러했던 것처럼 말이다. 인스타그램의 운영정책이 더 엄격해지기 전에 가능한 많은 숫자의 팔로워를 모아 입지를 굳혀야 할 필요가 있다. 그러므로 강의 때마다 "열심히, 성실히만 하시면 언젠가는 반드시 덕을 봅니다"라고 던지는 농담은 실제로 겪어보면 농담이 아님을 알게 된다.

특히, 자금 사정과 인력 및 판로가 부족한 중소기업과 개인들은 인스타그램 마케팅을 적극적으로 실시해야 한다. 현실적으로 TV 광고나 포털 사이트 배너광고처럼 큰 비용이 들어가는 마케팅 활동을 하기는 어렵지만, 인스타그램의 첫 화면에 혹은 인기있는 인스타그램 파워 유저의 사진을 통해서 대중들에게 노출되는 것은 덜 어렵다. 게다가 자신이 인스타그램의 파워 유저라면 마케팅 활동이 훨씬 쉬워질 것은 두말할 필요도 없는 일 아닐까?

가. 마케팅과 세일즈의 차이를 아시나요?

SNS를 비즈니스적으로 어떻게 활용할 것인가에 대한 강의를 자주 하다 보면 가끔 이런 질문을 받게 된다. 방문자도 많아지고 팔로워도 많아졌지만 매출이 늘지를 않아서 어떻게 해야할지 막막하다는 것이다. 이 질문은 인스타그램이라는 SNS가 과연 마케팅의 훌륭한 도구가 될 수 있느냐라는 주제를 말하기에 앞서 설명하고 넘어가야 할 부분이기도 하다.

사람들은 자주 마케팅과 세일즈를 혼동하곤 한다. 그게 그거 아닌가 싶기도 하지만 사실 마케팅과 세일즈는 다르다. 마케팅은 세일즈를 포함하는 보다 광범위한 개념이다. 사전적인 의미는 아니지만 마케팅과 세일즈를 좀 더 쉽게 설명하자면 마케팅은 사람들이 우리 점포에 들어오게끔 만드는 행위이고, 세일즈는 들어온 사람들이 물건을 구매하도록 만드는 행위라고 이해하면 된다.

자신의 인스타그램 계정에 팔로워가 많아지고 방문자가 늘어났지만 매출은 늘지 않았다는 말은 마케팅은 성공적이지만 세일즈는 그렇지 못하다는 뜻이 된다. 세일즈라는 최종적인 단계에까지 성공하기 위해서는 무언가 더 해야 할 필요가 있다는 의미다. 가게에 들어온 사람이 모두 물건을 사지 않는다고 해서 가게를 그만두자고 하는 사람은 없다. '어떻게 하면 그냥 돌아가는 사람이 없게 만들까?'를 고민하는 것처럼, 인스타그램 마케팅에서도 마찬가지다. 팔로워가 늘어나고 방문자 숫자가 늘어난 것은 이미 마케팅 활동을 훌륭하게 수행해 냈다는 뜻이다.

다만 추가적인 고민을 통해 세일즈라는 최종적인 단계에 도달해야 하는지를 더욱 연구할 필요가 있다. 마케팅과 세일즈의 이런 관계에 대해서 필자는 강남역 〈뉴욕제과〉의 딜레마라고 말하곤 한다. 많은 사람들을 불러 모으는 것까지는 대단히 성공적이었지만 정작 매출 증대에는 실패한 대표적인 사례가 지하철 2호선 강남역에 있던 유명한 빵집 〈뉴욕제과〉이기 때문이다.

장안의 큰 화제를 모으며 종영된 TV 드라마 〈응답하라 시리즈〉의 시대적 배경인 1990년대 당시 젊은이들에게 가장 인기 있는 장소를 꼽는다면 강남역이 빠지지 않는다. 그중에서도 〈뉴욕제과〉는 가장 인기 있는 약속장소여서 그 앞에는 일행을 기다리는 젊은이들로 발 디딜 틈이 없을 정도였다고 한다.

그런데 워낙 인기 있는 장소였기 때문에 문제가 발생했다. 그 많은 사람들 중에서 정작 〈뉴욕제과〉의 문을 열고 들어와서 베이글이나 빵을 사는 사람이 많지 않더라는 것이었다. 심지어는 〈뉴욕제과〉로 들어가려는 손님조차 그 앞에서 기다리는 많은 사람들 때문에 들어가질 못하는 경우도 종종 있었다고 한다. 너무나 역설적인 상황인데 이런 〈뉴욕제과〉의 딜레마는 성공한 마케팅이 성공적인 매출증대라는 결과를 낳는 것은 아니라는 사실을 설명해준다. 〈뉴욕제과〉는 탁월한 입지조건 때문에 고객들을 끌고 들어오는 마케팅 단계까지는 성공했지만 실제로 세일즈라는 최종적인 결과에 도달하지 못했다. 그래서인지 그 유명했던 추억의 장소 강남역 〈뉴욕제과〉는 결국 문을 닫는 안타까운 상황을 맞게 되었다.

1990년대의 대표적인 핫 플레이스였던 〈뉴욕제과〉 이야기를 한 이유는 우리가 계획하고 있는 인스타그램 마케팅에 시사점을 주기 때문이다. 자금 사정이 넉넉한 대기업이 아니라면 최소한 연 단위의 장기계획으로 마케팅하기 어렵다. 따라서 될 수 있는 대로 빠른 시일 내에 광고 효과를 얻기를 바라는 마음을 갖게 마련이고 그러하다보니 방문자 수를 늘리기 위해서 고민하게 되고, 팔로워 숫자를 늘리기 위해서라면 무엇이든 할 수 있다는 생각으로 마케팅 활동을 하게 된다. 조급해진다는 것이다.

그런데 문제는 바로 거기에서 시작된다. 사람들의 이목을 끌기 위해서 남의 사진이나 영상을 마치 내가 만든 것인 양 가져오거나 광고성이 뻔히 들여다보이는 진부한 사진도 몇 개씩 올리고 미친 듯이 팔로워 숫자만 늘려서 며칠 동안은 방문자 숫자를 늘려놓을 수도 있다. 팔로잉도 많이 했고 마케팅 활동도 열심히 했다면 아마 방문자 숫자도 제법 늘었을 것이다.

하지만 정작 원하는 것을 얻었을까? 당초에 기대했던 마케팅 효과를 볼 수 있을까? 당장 팔로잉하는 계정은 많은데 팔로워는 얼마 되지 않을 것이다. 바로 〈뉴욕제과〉의 딜레마인 셈이다. 방문자 수를 늘리겠다는 일차적인 마케팅에는 성과를 낸 것이겠지만 그것이 유지될 가능성은 없을 것이다. 팔로워도 얼마 없는 팔로잉만 많은 계정, 게다가 진부한 사진과 다른 곳에서 얼마든지 볼 수 있는 영상밖에는 없는 계정이라면 사람들이 다시 찾을 리가 없다. 돈을 주고 대행사를 통해서 늘린 팔로워도 결국은 마찬가지다.

그렇다면 어떻게 해야 세일즈라는 결론에까지 성공적으로 도달할 수 있을까? 그 비결은 바로 콘텐츠에 있다. 성공적으로 방문자 숫자를 늘릴 뿐만 아니라 실제로 구매나 상담 등의 세일즈 실적으로 이어질 수 있기 위해서는 정작 그 안에 들어있는 내용 즉, 콘텐츠가 관건이기 때문이다. 뒤에서 자세하게 다루겠지만 성공적인 마케팅 활동을 세일즈라는 실적으로 연결해 줄 수 있는 가장 튼튼하고 강력한 고리가 바로 콘텐츠라는 사실을 명심해야만 한다.

콘텐츠가 뒷받침이 될 때 SNS 마케팅은 빛을 발할 수 있다. 서울 명동에 있는 한 갈비 전문 음식점이 그 좋은 사례가 되고 있다. 명동상권에는 외국인 관광객들로 항상 만원이라 이들을 모시기 위한 음식점들과 각종 서비스 업체들의 경쟁이 치열하다. 사정이 이렇다보니 명동상권에는 가이드^{Guide}연계 영업이 일종의 불문율이 되어 있다. 단체 관광객들을 데리고 온 가이드에게 판매된 음식값의 일정 부분을 커미션으로 지급하는 것이 보편적이기는 하지만 커미션만큼 이익이 줄어들기 때문에 음식이나 판매하는 물건의 가격에 반영될 수밖에 없다는 단점이 있다. 가이드가 데려간 음식점이 일반 손님들에 비해서 음식의 질이 낮거나 혹은 더 비싸게 되는 것이다.

그런데 이런 문제점이 인터넷을 통해서 외국인 관광객들에게도 알려지고 있다고 한다. 이런 딜레마적인 상황에서 〈왕비집〉이라는 외식업소가 한국방문 외국인 관광객들의 필수코스로 자리잡으며 성공을 거두고 있는 비결이 바로 SNS마케팅이라고[18] 한다. 업주는 한 언론과의 인터뷰에서 "굳이 가이드와 연계하지 않더라도 손님들이 스스로 우리집을 찾아올 만큼 서비스의 질을 높이는 게 장기적으로 가장 좋은 전략이라 생각했어요"라고 말했다.

〈왕비집〉은 영업을 시작한 지 7년 만에 임대료 비싸기로는 세계적인 수준인 명동 지역에만 세 곳의 점포를 열 정도로 대성공을 거두고 있다. 외국인 관광객들이 SNS를 필수적으로 참고했기 때문에 맛과 서비스라는 음식점의 본질적인 콘텐츠에 집중한다면 승부를 볼 수 있으리라고 판단했던 것이 결과적으로 성공을 거둘 수 있던 비결이 되었다.

---

18) http://www.hankyung.com/news/app/newsview.php?aid=201602028473b

읽|을|거|리

블로그 마케팅과
SNS 마케팅의 중요한 차이점

　모바일을 통한 인터넷 접속이 일반화되면서 인터넷 마케팅의 무게 중심도 함께 이동하고 있다. 그동안 인터넷 마케팅의 거의 모든 것이라고 할 수 있었던 블로그 마케팅에서 카카오스토리나 인스타그램과 같은 SNS 마케팅쪽으로 인터넷 마케팅 활동의 초점이 옮겨지고 있기 때문이다. 하지만 그 차이를 간과하는 경우가 적지 않다. 같은 인터넷 마케팅이지만 블로그 마케팅과 SNS 마케팅의 차이를 정확히 알아두어야 한다.

　블로그 마케팅이 그동안 인터넷 마케팅의 핵심이었던 것은 무엇보다 블로그라는 매체가 가진 장점이 컸기 때문이다. 예를 들면 다양한 콘텐츠를 다룰 수 있다는 점이다. 페이스북이나 카페, 카카오스토리 등 다른 SNS플랫폼과는 다르게 다양하게 이미지와 동영상 삽입이 가능하고, 인터넷 지도와 같은 다양한 서비스를 하나의 포스트에 넣을 수 있었기 때문에 블로그는 다른 어떤 SNS가 제공하지 못하는 다양한 콘텐츠를 수용할 수 있었다. 뿐만 아니라 자료의 양에 있어서도 제한이 없어서 다양한 정보를 공유하는 데 적합했던 것도 빼놓을 수 없는 장점이다.

　두 번째, 높은 확장가능성이다. 블로그는 페이스북, 카카오스토리 등 다른 플랫폼들과의 연동을 통해서 포스팅한 내용을 쉽게 퍼

트릴 수 있다. 글자수나 사진 숫자 등에 제한이 있는 카카오스토리나 페이스북과는 달리 긴 내용도 다룰 수 있을 뿐만 아니라 각각의 포스트가 가진 고유의 주소를 SNS에 간단히 올릴 수 있어서 트위터 이용자나 인스타그램 이용자도 블로그로 쉽게 찾아올 수 있었다.

블로그 마케팅이 가진 세 번째 장점은 콘텐츠 전파가 물 흐르듯 자연스럽다는 점이다. 블로그에 콘텐츠를 넣을 때 깊이 있고 전문적인 내용을 다룰 수도 있지만, 블로그 주인의 취향이 고스란히 반영되는 소소한 일상의 모습도 자연스럽게 다른 블로거들에게 노출될 수 있다.

이를테면 블로거들이 즐겨 포스팅하는 분야인 요리나 뷰티 아이템에 대한 이야기, 인테리어, DIY 같은 집안 꾸미기, 육아 일기 등은 여성들의 일상생활에서 너무나 자연스럽게 경험할 수 있는 분야들이다. 다른 블로거들과의 공감이 쉽게 일어날 수 있다는 것이다. 그렇기에 억지로 꾸며낸 이야기가 아니라 체험하고 경험한 내용들을 토대로 콘텐츠가 만들어지므로 블로그의 구독자들이 거부감 없이 받아들이고 공감하며, 의견을 나누고 정보를 공유하면서 소통하는 것이 가능하다. 블로거가 전달하고자 하는 마케팅 목적이 담긴 포스트도 이렇게 자연스러운 소통의 과정에서 물 흐르듯

○ 유저들의 관심사를 알 수 있는 방법, 해시태그

 노출이 가능하다는 것이 블로그 마케팅의 대표적인 장점이다. 요리 분야의 파워블로거들이 너나할 것 없이 공동구매를 시행했던 것도 블로그 마케팅이 갖고 있는 이런 장점 덕분이었다.
 또 하나, 블로그가 그동안 인터넷 마케팅의 절대적인 비중을 차지할 수 있었던 이유는 쉽고 빠르다는 점이다. 이를테면 네이버 블로그에 가입되어 있지 않더라도 그 블로그를 방문해서 포스트를 읽을 수 있다. 네이버와 다음 카페나 페이스북처럼 가입하는 절차나 로그인 없이 글을 읽어볼 수 있다. 검색이나 댓글을 통한 포스트 주소 노출을 통해서도 접근할 수 있기 때문에 블로그는 다른 매체보다 접근이 쉽다. 마케팅 채널로서 가져야 할 중요한 장점을 블로그가 갖고 있었던 셈이다. 게다가 직관적이고 즉각적인 결과를 얻기 원하는 우리나라 인터넷 이용자들의 성격이 블로그의 이런 개방적인 특징과 잘 맞아 떨어졌기 때문에 블로그 마케팅이 인터넷 마케팅의 가장 큰 비중을 차지할 수 있었다.

그런데 블로그 마케팅은 관계를 맺은 이웃의 숫자가 많다고 해서 전파력이 향상되는 구조가 아니라는 게 SNS 마케팅과는 결정적으로 차이가 있다. 이를테면 블로거들이 다들 상위노출을 하고 싶어하는 이유도 결국은 많은 방문자 숫자를 가져올 수 있기 때문이다. 결국 블로그 마케팅에서 가장 중요한 핵심은 검색과 상위노출이다.

반면, SNS마케팅은 상위노출의 개념이 중요한 것이 아니다. 관계를 맺고 있는 사람들에게 포스트가 자동으로 노출되기 때문에 친구 수가 많아야 많은 사람들에게 도달한다. 마케팅과 SNS 마케팅의 결정적인 차이가 여기에 있다. SNS 마케팅의 성공 여부는 결국 친구들을 모으는 것인데, 그러기 위해서는 사람들이 원하는 좋은 콘텐츠를 얼마나 빨리 많이 만들어내는가에 달려 있다.

나. 원하는 고객에게만 빠르고 확실하게 전달한다

마케팅 활동을 할 때 마케터들이 중요하게 생각하는 것 중 하나가 바로 타겟팅Targeting이다. 전개하고자 하는 마케팅 활동이 정확하게 어떤 고객층을 대상으로 하는지가 명확해야 효과가 높아진다. 이를테면 밸런타인데이를 겨냥해서 출시하는 상품의 마케팅을 5·60대 가정주부를 대상으로 한다면 어떻게 되겠는가? 반응이 있을 리가 없지 않을까? 혹은 소비 성향과 바이럴 효과가 가장 높은 계층으로 꼽히는 2·30대 가정주부들이 열광하는 워너비 아이템인 스메그SMEG 냉장고에 대한 광고를 3·40대 남성 직장인을 타겟팅으로 한다면 어떻게 될까? 아마 적지 않은 악플이 달리거나 남성들이 많이 활동하는 인터넷 커뮤니티를 중심으로 비난 여론이 어마어마할 것이다. "뭐? 냉장고 하나가 몇 백만 원? 미쳤구나"라는 식으로 말이다.

타겟팅이 잘못된 마케팅은 돈만 쓰고 아무런 효과도 없는 재앙과 다를 바 없다. 반면, 30대 여성들이 많은 SNS를 통해서 외국의 유명 유모차를 마케팅한다면 어떨까? 유명한 외국 연예인들이 자신의 아기를 유모차에 태우며 행복한 미소를 짓는 모습을 보면서 좋아요를 누를 확률이 매우 높을 것이다. 공감대를 형성할 수 있기 때문이다.

인스타그램이 마케팅 활동에 좋은 채널인 이유는 사용자층에 대한 타겟팅이 쉽기 때문이다. 사용자들이 정말로 관심있어 하는 것들을 해시태그로 파악할 수 있고 팔로잉 관계에 있는 사람들을 통해서 마케팅 메시지를 널리 퍼뜨리기가 쉽기 때문이다. 그것도 SNS의 특징인 실시간$^{Real\ Time}$으로 말이다. 실시간 커뮤니케이션은 블로그나 RSS같은 도구가 갖지 못하는 큰 장점이다. 내가 팔로잉하는 사람이 무엇을 좋아하고 관심있어 하는지를 보여줌으로써 마케팅 메시지에 관심을 더 갖게한다. 게다가 이런 활동은 매우 간편하다.

다. 함께 느끼는 감정, 점점 더 돈독해지는 관계

　인스타그램이 마케팅 채널로서의 장점 중 하나는 소셜^{Social}하다는 점이다. 인스타그램이 기본적으로 타인과 커뮤니케이션하기 위해서 만들어진 SNS이기 때문인데 이렇게 소셜하다는 것은 마케팅 활동에도 매우 도움이 된다. 특히 인스타그램의 주 이용자층인 20대 초중반의 결혼하지 않았고, 유행과 스타일에 관심이 많으며, 사진과 영상으로 소통하는 것에 익숙한 계층을 타겟으로 하는 마케팅에는 더할 나위 없이 좋은 매체이다. 이런 소셜한 특징을 잘 살린다면 인스타그램을 통해서 팔로잉이나 방문으로 인해서 시작되는 관계 자체를 질적으로 한 단계 업그레이드 될 수 있다는 점 역시 중요한 포인트가 된다.

　성공적인 마케팅을 통해서 아무런 소통이 없던 사람이 새로운 고객이 되고 그런 과정이 거듭되면서 그 기업이나 브랜드의 지지자가 되기도 하기 때문인데, 이렇게 고객이라 불리는 사람들이 관계가 진행되면서 조금씩 변화를 겪게 된다. 그 과정을 옆페이지의 도표가 잘 설명해주고 있다.

잠재구매자^{Prospect}가 세일즈 단계로 들어서면 고객^{Customer}으로 변하게 되는데 인스타그램의 소셜한 기능은 이렇게 아무런 접점이 없던 사람들을 잠재구매자에서 고객으로 변화시켜주고 거기에서 한발 더 나아가 더욱 깊은 것으로 만들어 주기 쉽다. 예를 들어 제품이나 서비스에 만족하지 못해, 단발적인 구매로 끝이 났을 수도 있는 고객^{Customer}이 진실한 사과와 마음을 담은 응대로 인해 단골 고객^{Client}가 되거나 열렬한 지지자^{Supporter}가 될 수도 있다.

이를테면 트위터에 올린 글 때문에 탐앤탐스 커피에 화가 단단히 났던 사람들 중 탐앤탐스의 진실한 사과의 모습에 마음이 풀리고 오히려 우호적인 마음을 갖게 되는 경우가 현실적으로 가능하기 때문이다. 마케팅에서 가장 위험하고 조심해야 하는 고객의 반응이 불같이 화를 내는 경우가 아니라, 오히려 아무 말없이 돌아서서 다시는 오지 않는 냉정한 고객이라고 말하는 것이 그런 이유에서다. 불만은 역설적으로 열렬한 지지로 바꿀 수 있으므로 일종의 위험한 가능성이다. 고객 충성도 사다리 모델$^{Customer\ Loyalty\ Ladder\ Model}$이라는 그림도 그런 고객의 변화 과정을 나타내고 있다.

○ 고객 충성도 사다리 모델

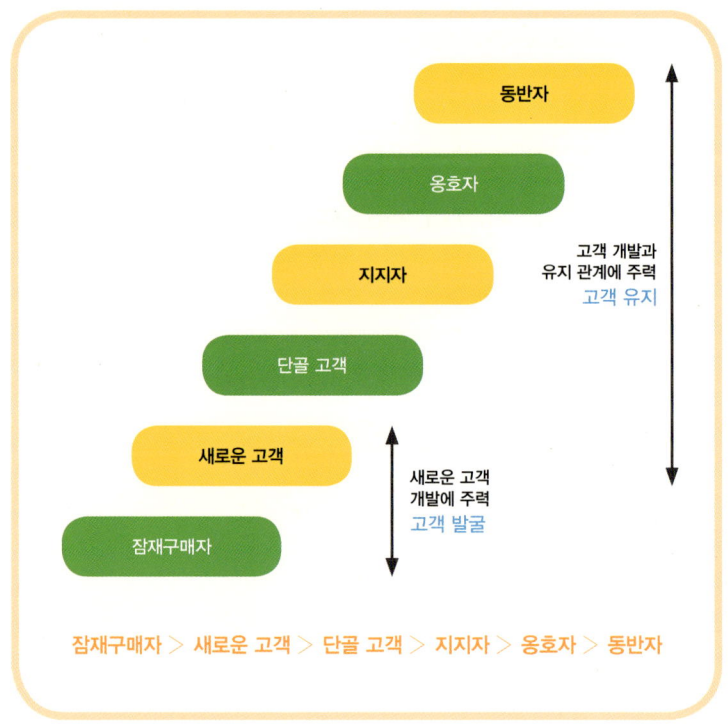

이렇게 인스타그램이 가진 소셜한 특징은 마케팅적으로 잘 활용할 필요가 있다. 해시태그로 같은 취향, 비슷한 감정을 공유하고 있는 사람들끼리 한 자리에서 소통하는 것이 가능하므로 활용가능성은 다른 어떤 마케팅 수단에 비해 쉽고 간편하다. 따라서 필자는 인스타그램을 '설렘이 있는 채널'이라고 부르기도 한다. 이미지를 통해서 감정을 나누다가 어느샌가 자연스럽게 관계가 깊어지는 사이 고객이 되고, 그것이 더 나아가서 열정적인 브랜드의 지지자와 옹호자가 될 수 있기 때문이다. 정보를 나누는 사이보다는 감정을 나누는 관계가 마케팅적으로도 더 유리한 것은 부인할 수 없는 사실이다.

마케팅 채널로서의 인스타그램이 카카오스토리나 트위터 같은 다른 SNS보다 가능성이 훨씬 크다고 말할 수 있는 또 하나의 이유는 언어의 장벽을 뛰어넘는 것이 가능하며 이미지 기반의 서비스이기 때문이다. 보통 인터넷이나 SNS가 국경이 없다고는 하지만 현실적으로는 언어의 장벽은 분명히 존재한다.

이를테면 우리나라 토종 SNS인 카카오스토리에서는 외국인들과 소통할 기회가 많지 않다. 대부분의 카스 친구들은 내 카톡에 뜨는 사람들과 내 카친의 카친들 정도이다. 글로벌 서비스를 제공하고 있는 페이스북도 사정은 크게 다르지 않다. 카카오스토리보다는 좀 더 다양한 사람들과 소통할 수 있지만 우리나라 사람들은 대부분 우리나라 사람들과 소통한다.

어떤 외국인과 커뮤니케이션 하고 싶은 마음이 있어도 그것을 문자와 언어로 표현하는 일이 쉽지만은 않기 때문에 단순한 팔로잉 관계라는 초보적인 소통에 머물러 있는 경우가 대부분일 것이다. 우리나라 사람들과 소통하고 싶어 하는 외국인들에게도 마찬가지다. 우리가 영어라는 언어의 사용에 부담을 갖는 것 이상으로 한국어로 우리와 소통하는 것에 장벽을 느끼지 않을 수 없다.

하지만 인스타그램은 굳이 그럴 필요가 없다. 마음을 나눌 수 있고, 설레는 감정을 공유할 수 있는 사진 한 장으로도 소통이 가능하다. 멋진 사진 하나로 외국의 인스타그램 유저와 얼마든지 교감할 수 있다. 긴 텍스트가 필요한 것도 아니라는 점은 언어라는 심리적인 장벽을 한결 낮추게 된다. 뿐만 아니라 해시태그라는 좋은 소통의 윤활유가 공통의 관심사를 갖고 있는 사람들을 쉽게 찾을 수 있도록 도와주고 있다는 것도 빼놓을 수 없는 인스타그램의 장점이다.

타인들과 수많은 관계를 맺고는 있지만, 현대인들은 다른 어느 시대의 사람들보다 외로움을 더 많이 느끼고 고독하다고 한다. 인스타그램과 같은 소셜미디어 서비스가 지속해서 인기를 얻고 있고 삶의 동반자로서 자리 잡을 수 있었던 이유가 거기에 있다. 기술의 발달로 커뮤니케이션 수단 자체는 훨씬 편리해졌지만 마음을 나누는 진짜 소통이 역설적으로 줄어들었고 타인에게 말을 거는 행위조차도 부담스러워하는 사람들이 적지 않다. 인스타그램은 이렇게 편리해진 기술과 더 진해진 소통을 정확하게 채워줄 수 있는 서비스인 셈이다. 사진 한 장으로도 낯선 사람과 소통할 수 있는 인스타그램에 사람들이 점점 더 열광할 수밖에 없는 것은 당연한 것이 아닐까 싶다.

한편 마케팅적인 측면에서도 인스타그램은 소셜 비즈니스 Social Business의 훌륭한 도구이다. 소셜 비즈니스가 현실에서 어떻게 활용될 수 있는지에 대한 좋은 사례가 있다. IBM의 소셜비즈니스 담당 부사장인 샌디 카터 Sandy Carter는 한 언론과의 인터뷰[19]에서 인스타그램 마케팅과 같은 소셜 비즈니스가 인터넷 비즈니스와 다른 점에 관해서 설명했다. 그녀는 자신의 조언대로 SNS를 효과적으로 활용해 성공을 거둔 맨하튼의 작은 세탁소의 예를 들었다. 인스타그램과 같은 소셜미디어를 활용한 비즈니스가 일반적인 인터넷 비즈니스와 다른 점은 후자가 기술의 문제이기 때문에 많은 자본을 투입하면 선두를 따라잡는 것이 가능하지만, 전자의 경우에는 사람과 사람 사이의 관계에 대한 문제이기 때문에 돈을 많이 쓴다고 해서 그 관계를 대체할 수 없다고 말했다.

그녀는 소셜 비즈니스는 많은 시간이 걸리기는 하지만 한번 맺어진 관계는 오래 가기 때문에 "오늘 한 걸음 앞서 나가는 기업이라야 내일의 큰 기회를 잡을 수 있다"라고 말했다. 기사에는 SNS를 통해서 뉴욕의 치열한 세탁소 경쟁에서 승리하고 있는 제리[Jerry]라는 세탁소 주인에 관한 사례가 나온다. 세계 제1의 도시답게 뉴욕은 언제나 사람들로 북적이는데 이들이 입고 있는 옷을 세탁하기 위한 세탁소들 간의 경쟁이 매우 치열하다고 한다. 맨해튼 섬에만 1천5백 개가 넘는 세탁소가 있을 정도라고 하는데 우연히 제리의 고민을 알게 된 샌디 카터는 SNS를 활용해보라는 조언을 해주었다고 한다.

그녀의 조언대로 가게에 들르는 손님들에게 제리는 자신의

---

[19] http://biz.chosun.com/site/data/html_dir/2011/09/23/2011092301126.html

영업 비밀이라 할 수 있는 세탁 노하우를 솔직하게 알려주면서 손님들의 SNS에 자신의 세탁소 이야기를 한 줄씩만 올려달라고 부탁했다. 제리의 세탁 실력을 인정한 손님들은 그의 부탁을 기꺼이 들어주었고 그렇게 손님들의 SNS를 통해서 제리의 세탁소 소식이 퍼져나갔다. 이렇게 해서 제리는 맨해튼에서 손꼽히는 세탁소로 성공을 거두고 있다고 한다. 세탁 실력이라면 누구 못지않았지만, 그것을 사람들에게 알릴 현실적인 방법이 없던 작은 세탁소 주인도 SNS를 통해서 소셜비즈니스의 위력을 느낄 수 있었다.

작은 사례지만 인스타그램과 같은 SNS를 활용한 소셜 비즈니스가 적은 비용으로도 많은 고객을 확보할 수 있고, 브랜드 가치를 성장시킬 수 있는 좋은 수단이라는 사실은 부인할 수 없을 것이다. 소셜 비즈니스가 사람 간의 관계에 대한 문제이기 때문에 엄청난 돈을 들인다고 해서 관계가 좋아지거나 하는 것이 아니라는 점 또한 주목할 만한 가능성이다.

필자가 사람들을 만날 때마다 "SNS 꼭 해보세요"라고 권하는 이유 또한 인스타그램과 같은 SNS는 누구라도 할 수 있고, 돈이 없어도 할 수 있기 때문이다. 그저 진실한 마음으로 소통하고, 성의를 갖고 사람들과의 관계를 맺으면 성공할 수 있는 매력을 느껴보길 바란다.

마케팅 채널로써의
인스타그램 해부

마케팅 채널로서의 인스타그램에 대한 가능성과 함께 인스타그램이라는 새로운 SNS에 대한 개략적인 특징에 대해서 인포그래픽 자료를 통해 살펴보았다. 이외에도 인스타그램뿐만 아니라 인터넷 마케팅에서 기본적으로 알고 있어야 할 것들이 있다. 간혹 이러한 기본적인 사안에 대해서 대책을 세워놓지 않고 있다가 낭패를 보는 경우가 드물지 않기 때문이다. 언제나 장기적인 관점에서 성공을 목표로 한 후 마케팅 활동을 진행해야 한다. 따라서 다소 귀찮게 여겨지는 것들이라도 반드시 확인하는 습관이 필요하다.

가. 무한 가능성 그리고 어쩔 수 없는 한계들

첫 번째로 알아둬야 할 것은 약관이다. 약관은 해당 서비스를 이용하는 데에 필요한 규칙들을 다루고 있는데 '간혹 이런 아이디어가 괜찮지 않을까?'라는 생각으로 새로운 시도를 하다가 어느 날 갑자기 운영자로부터 계정 폐쇄나 사용금지 혹은 검색 비노출 등의 제재를 받는 경우가 생기기도 한다. 대부분 약관에 기재된 사안들을 위반했기 때문에 발생하는 불상사인데, 이를테면 회원가입과 서비스 이용에서 엄격하게 실명제 원칙을 가진 페이스북의 약관 때문에 자신의 이름이자 필명을 사용하지 못했던 작가 살만 루시디가 그런 경우다.

현실적으로 약관에 어긋나는 일은 하지 않는 것이 바람직하다. 인스타그램을 마케팅 도구로 활용하기에 앞서 이용약관을 꼼꼼하게 살펴볼 필요가 있다. 색다른 방법으로 팔로워 숫자도 늘리고, 제법 좋은 반응을 얻었던 기발한 아이디어 때문에 낭패를 보는 일은 없어야 하지 않겠는가. 그런데 문제는 약관이 사실 이해하기 어렵다는 점이다. 의무와 권리에 관한 내용이 법률 용어로 씌여 있기 때문이라 보통 사람들이 읽어서는 무슨 뜻인지 긴가민가 싶게 마련이다. 이해가 잘 안 되거나 궁금한 점이 있으면 반드시 Q&A 등을 통해서 문의하는 것이 좋다.

약관은 상황에 따라 변한다는 점도 잊지 말아야 한다. 이를테면 광고를 금지하던 인터넷 서비스가 그것을 허용하는 쪽으로 방향을 바꾸게 되면 약관상에도 그러한 변화가 반영되어야만 한다. 보통 이렇게 약관이나 이용방법이 변하게 되면 팝업창 등을 통해서 알리고, 회원 가입 시 등록한 이메일로도 자세한 내용을 알리도록 하고 있다. 인스타그램도 마찬가지이기 때문에 이렇게 약관이나 이용방법 등의 변화는 마케팅 방법에 대해서도 직접적인 영향을 주는 경우가 많다. 따라서 꼼꼼하게 점검할 필요가 있다.

나. 알고리즘의 지속적인 변화를 주목하라

모든 인터넷 서비스에는 로직이라고 불리기도 하는 알고리즘이라는 것이 존재하는데, 이는 문제를 해결하기 위해 정해진 일련의 절차를 말한다. 알고리즘은 프로그램을 작성하는 기초가 되는 것이기 때문에 어떤 인터넷 서비스의 운영 알고리즘을 파악할 수 있다면 마케팅적으로 큰 도움이 될 수 있다.

인터넷 서비스가 반드시 변하는 이유도 알고리즘 때문이다. 자신들의 서비스가 어떻게 운영되는지, 어떤 방법에 따라 검색 결과가 정해지는지에 대한 알고리즘을 파악하려고 눈에 불을 켜고 연구하는 사람들이 있다. 이렇게 파악해낸 알고리즘은 결국 상업적으로 이용하게 마련이다. 예를 들면 네이버 블로그 메인 페이지에 노출시키기 위해서 많은 블로그 마케팅 대행사들이 네이버의 검색엔진을 연구한 끝에 그 알고리즘을 어느 정도 파악한 결과, 얼마만 주면 메인 페이지에 올릴 수 있다는 식으로 영업할 수 있었던 것이다.

하지만 검색 서비스를 운영하는 네이버로서는 자신들의 서비스의 혼란과 훼손을 막기 위해서라도 알고리즘과 운영 정책을 바꾸게 된다. 사실 인터넷 서비스 회사들의 솔직한 속마음은 내 비즈니스가 잘됐으면 하는 것이지 마케팅 대행사들이 잘됐으면 좋겠다는 것은 아닐 것이다.

이렇게 한쪽에서는 알고리즘을 철저히 숨기고 반대편에서는 어떻게 해서든 그것을 파악해 내기 위해서 애를 쓰는 갈등이 지속적으로 반복되고 있는 것이 인터넷 마케팅 업계의 현실이다. 따라서 예전에는 가능했던 아이디어가 어느 날 갑자기 할 수 없는 것이 되고 '이걸 문의해도 불가합니다'라는 답변만 듣게 된다. 비용을 내고 마케팅을 맡겼던 클라이언트들에게서 항의 전화가 속출하게 되는 사태가 여기저기서 갑자기 발생한다.

바로 몇 해 전, 블로그 마케팅 업계에 이런 일이 일어났다. 네이버 블로그가 인터넷 마케팅의 대부분을 차지하던 때였는데 어느 날 슬그머니 언론에 네이버의 새로운 검색엔진에 대한 기사가 나오기 시작했다. 이 기사를 눈여겨보는 사람들은 그리 많지 않았지만 새로운 검색엔진이 작동하기 시작하자 깜짝 놀라는 사람들이 속출했다.

'왜 네이버에 우리 홈페이지가 안 나오죠?'라고 놀란 음식점 사장들이 인터넷 마케팅을 맡겼던 대행사들에 항의전화를 하고 파워블로거 부럽지 않던 인기 블로거의 블로그가 아예 검색에서 사라져 버리기도 했다. 그런가하면 작성한 지 몇 년도 더 된 블로그 포스트들이 메인 페이지에서 검색되기 시작했다. 영문을 알 수 없던 블로그 마케팅 대행사들이 원인 파악에 나섰고 그 이유를 알아냈다. 네이버의 새로운 검색엔진이 새로운 알고리즘으로 결과물을 내놓았기 때문이었다. 한동안 블로그 마케팅 대행사들은 새로운 검색엔진을 분석하느라 날밤을 새워야 했다.

이렇게 많은 돈과 시간을 들여 애써 만들었던 검색엔진을 네이버가 바꾼 이유는 기존의 검색엔진에 대한 알고리즘을 사람들이 파악해내기 시작했기 때문이다. 결국, 네이버 검색 알고리즘을 파악한 대행사들이 검색 결과에 좋지 않은 영향을 끼치기 시작했고 그 정도가 심각한 수준이 되기에 이르렀다.

"네이버 블로그 메인이요? 걱정하지 마십시오. 얼마만 내시면 됩니다"라고 큰소리를 치는 블로그 마케팅업체들은 TV 광고를 하기에는 자금도 부족하고 적합하지도 않았던 지역 기반의 외식업소, 그리고 공식적으로 광고행위를 할 수 없어서 블로그를 통한 홍보나 지식인 검색에 의존해서 마케팅해야 했던 병원들을 적극적으로 끌어들였다.

이들 블로그 마케팅 대행사들에 의해서 블로그를 사고파는 행위가 비일비재해졌고 이렇게 사들인 블로그에는 광고성 짙은 포스트들이 채워졌다. 지식인 검색에도 죄다 광고, 홍보성 답변이 올라왔고 아예 질문하고 답변하는 것이 패키지처럼 짜인 각본대로 움직여 검색결과에 노출되는 일도 생겼다. 대행사들에게 비용을 내고서라도 네이버 메인에 올라가니 효과가 있더라는 경험담이 퍼지기 시작하면서 이런 검색화면 뒤쪽의 비즈니스가 활성화됐다.

그 결과, 네이버 블로그는 제대로 된 정보나 콘텐츠보다는 광고, 홍보의 글이 태반이라는 인식이 생겨났고 급기야는 네이버에서 광고글 빼고 검색하는 방법이라는 노하우까지 등장하기에 이르렀다. 한때 '진짜 맛집 찾는 방법'이라는 이름으로 인기를 끌었던 '지역명+오빠랑'이라는 검색 팁이 생겨난 것도 그런 맥락에서 이해할 수 있다. 하지만 네이버가 선보인 새로운 검색엔진은 이전 검색엔진의 알고리즘에 정통했던 비결을 하루아침에 무용지물로 만들었다. 방문자 숫자와 중요 키워드의 검색결과 상단을 꿰차고 앉아있던 블로그 중 상당수가 속칭 저품질 블로그라는 평가와 함께 검색결과에서 아예 사라져 버렸다.

네이버가 검색엔진을 변경하면서 일어났던 불과 몇 해 전의 인터넷 마케팅 업계의 에피소드였다. 네이버 검색엔진 변경과 인터넷 마케팅 대행업계의 에피소드를 말한 이유는 인스타그램도 같은 길을 걸을 것이기 때문이다. 사람들에게 인기를 끌게 되면 더 많은 사람들이 몰려들게 되고, 이렇게 몰려드는 사람들에게 마케팅하고자 하는 욕구는 당연히 따라오게 된다.

이런 변화는 인터넷 마케팅 전문가들에게 새로운 비즈니스 영역이 되고 이들은 인스타그램의 알고리즘을 파악하기 위해서 역량을 동원할 것이다. 결국에는 무언가를 얻어낼 것이고 그 노하우들이 인스타그램 마케팅에 사용될 것은 불을 보듯 뻔한 일이다. 이른바 어뷰징^{Abusing}이나 웹크롤링^{Web Crawling}같은 기법들이 네이버 블로그 검색을 어지럽혔던 것처럼 말이다.

어떠한 인터넷 서비스 업체이든 자신들의 서비스가 타인이나 경쟁자들에 의해서 오염되고 왜곡되는 것을 좋아하지는 않는다. 자신들의 서비스가 운영되는 알고리즘은 절대로 노출되어서는 안되는 일급비밀 중의 일급비밀인 이유가 거기에 있다. 인스타그램도 주기적으로 알고리즘을 바꿀 것이 분명하다.

알고리즘 뿐만 아니라 운영 정책 역시 변화한다. 페이스북에 피인수 되고 나서도 한동안 허용되지 않았던 광고도 이제는 제한된 범위 내에서 가능해졌다. 필자가 '인스타그램 마케팅에서 가장 중요한 원칙은 비장의 노하우 보다는 정석에 의한 계정 운영'이라고 말하는 것이 바로 이런 이유 때문이다.

읽을거리

네거티브 시스템과
포지티브 시스템의 차이

　중소기업이나 개인이 인스타그램의 약관을 숙지하고 법적인 분석을 제대로 하는 것이 쉬운 일은 아니다. 이럴 때 알아두면 좋을 것이 바로 네거티브 시스템$^{Negative\ System}$인지 포지티브$^{Positive\ System}$ 시스템인지를 구분하는 것이다. 네거티브 시스템은 해서는 안 되는 것들을 먼저 열거하고 그것을 제외한 나머지들을 허용하는 방침을 말한다. 인스타그램과 같은 인터넷 서비스들의 약관은 대부분 이런 네거티브 시스템에 따라 작성되어 있다. 약관으로 금지된 것들을 제외하면 일단은 시도 가능하다고 생각해도 큰 문제가 일어나지 않는 이유가 이 때문이다.

　이를테면 우리나라의 인터넷 서비스에서는 금지되는 성적인 이미지나 영상이 텀블러나 인스타그램에서 드물지 않게 올라와 있는 이유도 따지고 보면 네거티브 시스템 때문이다. 성적 취향에 있어서 어느 선까지 법적으로 허용할 것인지에 대한 판단이 우리나라와 미국이 다르므로 발생하는 현상이다.

　반면 포지티브 시스템은 이와는 정반대를 말한다. 어떤 행위를 하기 위해서는 미리 정해진 조건을 충족할 때에만 가능한 것을 말한다. 이를테면 운전면허 제도나 투표 제도가 여기에 해당한다. 도로에서 운전하기 위해서는 어떠한 경우에서든 반드시 운전면허증이 필요하다. 국가에서 정한 시험과 신체검사를 통과해야만 운전면허증 취득이 가능하다.

이렇게 운전면허증과 관련된 정책이 포지티브 시스템인 이유는 국가의 교통 시스템과 운전자들과 보행자들의 안전을 위해서 필요한 최소한의 자격 요건이 준수되도록 하기 위해서다. 만 19세가 되지 못한 미성년자에게 투표권을 주지 않는 것도 같은 이유에서다. 논란의 여지가 있을 수는 있지만 미성년이라는 뜻이 아직까지 부모와 사회의 보살핌이 필요한 나이라고 보는 것이므로 미성년들은 그 자신의 판단에 따라 아직은 투표하지 못하도록 법적으로 강제하고 있다. 회비나 월 이용 요금 등을 내야만 이용이 가능한 인터넷 게임이나 성인 사이트들의 약관은 그런 이유에서 포지티브 시스템이 적용되는 경우라고 할 수 있다.

인스타그램을 활용한
다양한 마케팅 사례 분석

　　　　　　　　더 많은 사람들이 인스타그램으로 모여들수록 마케팅에 활용하고자 하는 욕구도 덩달아 커질 수밖에 없다. 다양한 아이디어가 인스타그램이라는 무대 위에서 시도될 것이므로 인스타그램 마케팅을 계획하고 있는 사람들이라면 관심을 두고 이러한 흐름을 살펴보아야 한다.
　'이런 방법으로도 마케팅이 되는구나' 혹은 '이건 어떤 목적으로 하는 프로모션이지?' 등을 연구하면서 배울 수 있는 것들은 생각보다 많기 때문이다. 이미 다양한 분야의 여러 기업과 브랜드들이 인스타그램을 마케팅에 활용하고 있다. 그중에서 대표적인 사례 몇 가지를 살펴보고 얻을 수 있는 시사점을 찾아 보도록 하자.

가. 스타벅스 - 좋아요 284k, 스타벅스 다이어리 스탬프 투어

인스타그램을 통한 마케팅 활동을 성공적으로 수행한 대표적인 사례 중 하나가 바로 세계 최대의 커피 프랜차이즈 스타벅스 Starbucks Coffee이다. 미국 서부 시애틀의 작은 커피숍에서 출발한 스타벅스는 이미 전 세계적으로 가장 널리 알려진 커피 브랜드이자 글로벌 외식 프랜차이즈이기도 하다. 집과 직장 사이의 새로운 공간이라는 세 번째 공간$^{3rd\ place}$ 개념을 도입한 것으로도 유명한 스타벅스는 글로벌 시장으로의 확장도 비교적 성공적으로 이뤄지고 있었다. 하지만 이렇게 사업의 성공적인 확장에는 몇 가지 해결해야 하는 숙제가 따르는데 그중 하나가 가맹점들에 대한 홍보 문제였다.

스타벅스라는 브랜드 자체가 하나의 랜드마크 역할을 하고는 있지만 수많은 가맹점 하나하나에 고객들을 어떻게 이끌어들이는가 하는 문제는 스타벅스 본사로서도 지속적인 해결과제일 수밖에 없다. 이를테면 가맹점들이 위치한 각각의 지역 사회에서 성공적으로 자리 잡을 수 있도록 효과적인 홍보대책이 필요하다. 하지만 TV 광고나 포털 사이트 배너광고와 같은 전통적

○ 좋아요 284k를 스벅 다이어리 스탬프 투어로 연결했더라면 어땠을까?

인 마케팅 방법은 각각의 가맹점들에게 직접적인 도움이 되지는 못하기 때문에 스타벅스는 이러한 문제를 인스타그램을 통해서 훌륭히 해결해 냈다.

해시태그를 활용한 #whereintheworld 캠페인을 통해서 스타벅스는 자신들의 팔로워들에게 세계 각지의 스타벅스 매장을 알리고자 했다. 위의 사진처럼 아무런 정보가 없는 스타벅스의 가맹점 사진을 올려놓고 여기가 어디인지 팔로워들에게 알아맞춰보라는 식으로 참여를 유도했다. 이를테면 위의 사진을 통해 알 수 있는 것은 지붕의 기와로 봤을 때 프랑스 남부와 스페인, 이탈리아 해안가와 같은 지중해 지역 건물의 특징이 있음을 짐

Part 3 • 사례로 파헤쳐보는 실전, 인스타그램 마케팅

작할 수 있다. 이런 캠페인에 호기심을 느낀 팔로워들이 남프랑스 혹은 캘리포니아 등의 의견을 내고 그것을 본 다른 사람들이 자신의 의견을 덧붙이며 서로 소통하도록 한 것이다. 스타벅스의 #whereintheworld 캠페인은 인스타그램에서 상당한 화제를 낳았고 전 페이지의 사진에만 좋아요가 284k라는 놀라운 숫자를 기록하는 대성공을 거둘 수 있었다.

나라면 이렇게 : #whereintheworld 캠페인을 통해서 스타벅스의 팔로워들과 많은 사람들에게 스타벅스의 많은 지점들이 소개될 수 있었던 점은 고무적인 반응이지만 아쉬운 점이 있다. 만약 필자라면 이런 아이디어를 추가했을 것이다.

해마다 연말이 되면 다이어리를 구매하는 사람들이 많아지는데 스타벅스 다이어리는 그중에서도 손 꼽히는 인기 아이템이라 언론에도 종종 소개되곤 한다. 이 점을 #whereintheworld 캠페인에 더했더라면 어땠을까?

예를 들어 스타벅스 다이어리에 스탬프 날인 페이지를 만들고, 각 지점에서는 자기들만의 독특한 스탬프를 만들어 매장을 방문하는 사람들의 다이어리에 날인해주는 것이다. 이렇게 하면 열성적인 스타벅스의 지지자 중 몇 명이 스타벅스 다이어리에 마련된 모든 매장에서 스탬프를 찍기 위해 노력할 것이고 아마도 얼마 지나지 않아 '#스벅다이어리 스탬핑 완료!'라는 해시태그도 등장하게 될 것이다. 이런 스탬핑 완료 인원에게는 스타벅스 차원에서의 선물을 증정하거나 하면 이 역시 적잖은 화제와 동참을 이끌 수 있을 것이다. 이를테면 자전거 애호가들이 4대강 투어나 서울 둘레길 투어 스탬프를 찍기 위해서 열심히 참여하는 사람들이 적지 않은 것처럼 말이다.

나. 포에버21 – 해시태그 변경과 댄스 테마

'오늘 사지 않으면 내일은 살 수 없다'라는 도발적인 콘셉트로 전 세계 패션업계를 뒤흔들고 있는 SPA 브랜드 중 하나인 포에버21은 재미 교포 장도원 씨가 만든 회사이다. 부지런하기로는 따라올 사람이 없다는 한국인답게 포에버21은 SPA 브랜드 중에서도 손꼽히는 성공을 거두고 있다. GAP과 같은 패션브랜드들이 소셜 미디어의 흐름을 놓치는 바람에 큰 곤욕을 치르고 있는 상황에서 포에버21의 소셜미디어 전략은 단연 돋보인다.

포에버21은 미국 10대가 가장 사랑하는 브랜드라는 별명답게 이들이 가장 좋아하는 SNS인 인스타그램을 마케팅에 적극적으로 활용한다. 특히 인스타그램이 야심차게 선보인 동영상 서비스를 잘 활용하고 있는데, #F21StatementPiece라는 해시태그를 통해서 포에버21은 사람들에게 댄스 콘테스트 이벤트를 실시해서 좋은 반응을 얻었다.

포에버21의 주요 고객층인 10대 소녀들이 새학기가 되면

○ 해시태그를 #Back to school로 바꾸고 댄스 테마를 주었더라면 어땠을까?

새로운 친구들에게 자신의 패션을 뽐내면서 서로 친해진다는 점을 마케팅에 활용한 이벤트였다. 포에버21의 의상을 입은 사람들이 저마다의 댄스 실력을 뽐내는 동영상을 찍어 #F21StatementPiece라는 해시태그와 함께 올리면 그중에서 수상자를 선정해서 상금을 수여하는 이벤트를 통해서 포에버21은 고객들간의 유대감을 높임과 동시에 브랜드 충성도 역시 높이는 데에 효과를 볼 수 있었다.

스타벅스의 #whereintheworld 캠페인과는 달리 동영상 기능을 활용했다는 점에서 차이가 있는 이 이벤트는 아직도 극소수의 기업과 브랜드들만이 인스타그램의 동영상 기능을 마케팅에 활용하고 있다는 점에 비추어 볼 때 앞선 마케팅 방법이라고 볼 수 있다.

나라면 이렇게 : 포에버21이 다른 기업과 브랜드들이 눈여겨 보지 않던 동영상 기능을 활용한 프로모션으로 좋은 반응을 얻은 것은 분명하지만 여기에도 아쉬운 점은 존재한다. 필자라면 이 이벤트에 테마를 주었을 것이다.

인터넷에 댄스 배틀이라고 검색하면 힙합은 물론이고 다양한 종류의 춤으로 경쟁을 벌이는 댄서들의 동영상과 소식이 나온다. 댄스라는 테마는 상당히 핫하다. 얼마 전 TV에서 인기리에 방영됐던 〈댄싱 9〉과 같은 프로그램은 시즌제로 운영될 만큼의 성공적인 반향을 얻었을 정도로 댄스에 대한 사람들의 관심은 적지 않다는 점에 착안한 것이다.

'포에버21의 #F21StatementPiece이라는 프로모션이 표방했던 Back to school이라는 콘셉을 전면에 내세워 해시태그도 #Back to school로 바꿨더라면 더 좋았을 텐데' 하는 아쉬움이 있다. 또한 각자의 학창시절에 유행했던 댄스를 주제로 경연을 벌이도록 하는 것이 더 유대감을 높일 수 있었을 것이다. 혹시 맷 하딩이라는 이름을 기억하는 사람이 있을지 모르겠다.

인터넷과 댄스라는 키워드를 결합했을 때 아마도 이 사람이 가장 유명한 사람 중 하나일지도 모르겠다. 그저 평범한 일반인이던 맷 하딩은 여행하는 곳에서 우스꽝스러운 춤을 추고 그 모습을 인터넷에 올렸다. 뚱뚱한 체격의 남자가 세계 곳곳의 유명한 장소에서 우스꽝스러운 춤을 추는 모습이 화제가 됐고, 급기야는 한 글로벌 신용카드의 모델로 발탁돼 돈을 받고 여행하며 춤을 추어주는 유명인사가 되기도 했다. 인터넷 마케터들에게 이렇게 춤이라는 주제는 항상 관심을 가질만한 가치가 있다.

다. 9Gag - 나는 놈 위에 타고가는 놈 있다

춤만큼이나 인터넷상에서 인기 있는 주목할 만한 키워드 중 하나가 바로 유머이다. 우리나라에도 오늘의 유머나 웃긴대학 등의 커뮤니티 사이트가 유머를 집중적으로 다루는 대표적인 웹사이트로 큰 인기를 끌고 있다. 미국에도 9Gag가 대표적인 유머 사이트로 상당한 트래픽과 높은 체류시간을 기록해 인터넷 마케터들의 관심을 받고 있다.

9Gag에 주로 올라오는 콘텐츠들이 바로 유머러스한 이미지들인데 그중에서도 가장 인기있는 이미지들을 인스타그램에 올리고 있다. 145페이지의 이미지는 어느 9Gag 유저가 올린 물개의 우스꽝스러운 표정인데, Awkward Seal^{어색한 물개}라는 이름의 이 이미지가 인기를 끌면서 많은 사람들이 이 물개의 표정을 따라하기 시작했고 그것을 놓치지 않은 9Gag에서 #letsdothis9gag라는 해시태그로 경연 페이지를 열었다.

재기발랄한 9Gag 운영진이 갑자기 이렇게 해보자는 취지로 올렸던 이 이벤트는 하루 동안 열렸을 뿐인데 아직도 따라하는 사람이 있을 정도로 인기를 끌었다. 포에버21의 동영상 콘테스트가 참여한 사람들 간의 유대감을 높이는 효과를 거둔 것처럼 9Gag의 이 해시태그 이벤트도 상당히 높은 호응도를 올렸을 것으로 보인다.

나라면 이렇게 : 9Gag의 해시태그 이벤트가 유머 코드라는 보편적이고 인기 있는 키워드로 많은 참여와 호응을 얻었는데 필자라면 유명 웹사이트인 9Gag가 일으킨 화제를 따라한 이벤트를 곧바로 시행했었을 것이다. 이를테면 어쿼드 씰Awkward Seal과 비슷한 유머코드가 우리나라에도 있다는 점에서 착안한 것인데 몰아주기 사진을 해시태그로 묶어 인스타그램에 올려보자는 아이디어이다.

다음페이지의 사진 안에는 유명 걸그룹인 걸스데이 멤버의 몰아주기 사진이 있다. 이 몰아주기 사진은 한 명을 돋보이게 해주기 위해서 함께 사진찍는 여러 명의 사람들이 각자 우스꽝스러운 표정을 짓는 것을 말한다. 사진에는 〈응답하라 1988〉의 여주인공 덕선으로 유명한 멤버 혜리를 몰아주고 있다는 것을 볼 수 있다.

9Gag의 인기 게시물이 국내 인터넷 공간으로 퍼지는 시간을 감안, #몰아주기 사진이라는 이벤트를 바로 따라했다면 괜찮은 효과를 볼 수 있었을 것이라고 생각한다. 마치 실시간 검색어에 맞춰서 미리 준비해둔 포스트의 제목에 키워드를 검색어로 넣어서 작성한 후 블로그에 올리는 것처럼, 정확한 타이밍의 마케

○ 나는 놈 위에 타고 가는 놈 있다. PPL이면 얼마짜리일까?

팅을 하는 것처럼 말이다.

이미 인스타그램과 인터넷 곳곳에 이런 몰아주기 사진이 있기 때문에 해시태그로 묶는 것도 큰 수고는 아닐테니, 하루 이틀 정도 기획해서 실시할 수 있는 인터넷 마케팅으로는 상당한 효과를 거둘 수 있을 것이다.

인스타그램에서 의상 협찬 논란을 겪었던 가수 아이비도 어쿼드 씰과 같은 우스꽝스러운 표정을 짓는 사진을 올린 적이 있는데, <걸스데이>나 <샤이니> 같은 K팝 스타들의 몰아주기 사진만 해시태그로 묶어도 방문자 숫자는 물론이고 '좋아요'도 k단위로 얻을 수 있지 않았을까 싶다.

9Gag가 일으킨 인터넷상의 화제에 슬그머니 숟가락을 얹는 아이디어이기는 하지만 '만약 이들 K팝 스타들의 사진을 돈을 주고 구했다면 얼마가 들었을까?'하고 생각해보면 충분히 시도해 볼만한 아이디어라고 할 수 있다.

업종별 인스타그램 마케팅 가상 사례

　　　　　　　　　　인스타그램을 마케팅의 도구로 활용하려는 시도는 다양한 업종에서 일어나고 있다. 주로 강렬한 시각적 효과나 이미지가 중요한 화장품, 향수 업종이나 패션업계와 커피 프랜차이즈나, 카페, 레스토랑과 같은 업종들이 인스타그램 마케팅에 적합한 대표적인 업종으로 볼 수 있다.

　다른 분야에서도 인스타그램을 마케팅에 활용하는 것은 가능한데 가상의 사례를 통해서 다양한 업종에서의 인스타그램 마케팅을 함께 고민해보도록 하자. 해당 업종의 특성과 이미지 실시간 소통 유사한 사용자층 확장성 등을 염두에 두어야 한다.

가. 출판사 – 책과 옷의 컬래보레이션

요즘은 길거리에 다니는 수많은 사람들 중에 책을 들고 다니는 이를 보기가 힘들어졌다. '책을 읽는 인구가 점점 줄어들고 있다는 출판계 사람들의 하소연이 괜한 것이 아니구나'하는 생각이 들기도 한다. 출판사가 인스타그램을 통해서 어떠한 마케팅을 할 수 있는 지에 대해서 생각해 보도록 하자.

도서출판 DIY는 다양한 분야의 책을 만들어 왔는데 최근에 들어서는 주로 실용서를 만들고 있다. 경기 불황이 지속되다 보니 소설이나 문학책의 판매가 부진하기 때문인데, 독자들이 실생활에서 곧장 활용할 수 있는 유용한 정보를 담고 있는 책을 펴낸다. 다행히 베스트셀러는 아니지만 꾸준히 판매되는 몇 권의 책 덕분에 어렵사리 회사를 운영해 나가고 있는 상황이다.

출판기획자 A는 이번에 출간되는 집에서 쉽게 만들 수 있는 요리 레시피가 담긴 책의 마케팅을 맡고 있는데 마케팅에 사용할 수 있는 예산이 거의 없어서 고민이 이만저만이 아닌 상황이다.

A는 돈이 들지 않는 마케팅을 찾아보기로 고민하다가 요즘 푹 빠져 있는 인스타그램을 활용해보기로 했다. 주로 맛집과 주말 여행, 픽시 자전거 동호회 활동을 위주로 인스타그램을 하고 있는데 꾸준히 활동한 덕분에 팔로워 숫자가 1천 명 정도이다. '어떻게 요리책을 인스타와 연결할까?'를 고민하던 A는 유사한

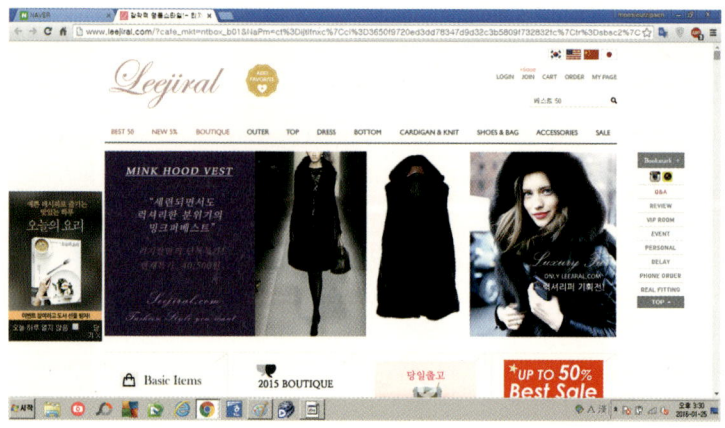

◦ 요리책 배너광고가 붙은 30대 여성 패션 쇼핑몰

이용자와 요즘 유행하는 컬래보레이션^{Collaboration, 협업}이라는 아이디어를 떠올렸다.

　유사한 이용자는 마케팅할 재테크 책의 예상 주 독자층과 겹치는 부분이 많은 사람들에 주목하겠다는 뜻인데 이를테면 책을 구매할 것으로 예상하고 있는 2·30대 직장인과 가정주부들이 무엇에 관심을 두고 있는지에 주목하자는 것이다. 컬래보레이션은 서로 다른 분야의 사람들이 함께 공동작업을 하는 것을 말하는데, 요즘 다양한 분야에서 행해지고 있다. A는 이 두 가지 키워드로 고민을 시작했다.

　A는 결국 2·30대 직장 여성들과 주부들이 많이 찾는 인터넷 패션 쇼핑몰과의 컬래보레이션을 하기로 했다. 어차피 마케팅으로 쓸 수 있는 예산이 거의 없었던 터라 인터넷 교보문고나 Yes24, 인터파크와 같은 기존의 인터넷 서점을 통해서 마케팅

● 독자들에게 '다운로드받아 칠해보
세요'라고 태그를 붙인 책

하는 것은 애당초 포기하고 있었기 때문에 할 수 있었던 아이디어였던 셈이다. A는 이 패션 쇼핑몰과 어떻게 협상을 해 컬래보레이션을 성사시킬 수 있을지에 대해서 고민하기로 했다.

요리책의 예상 주 구매층과 이 쇼핑몰의 고객이 거의 일치하기 때문에 포인트만 잘 잡으면 의외로 컬래보레이션은 어렵지 않을 것으로 판단했다. 같은 고객을 상대로 하는 처지이기 때문에 서로에게 도움이 될 수 있는 부분이 있다는 것을 설득하기로 했다. A는 이 쇼핑몰에서 마음에 드는 옷을 구매한 후, 자신의 인스타그램에 착용 사진을 올리고 해시태그에 쇼핑몰을 넣고 약간 오글거리는 후기를 써서 올렸다. 그리고는 쇼핑몰에 메일을 보내서 컬래보레이션과 관련한 미팅을 요청했다.

A의 조건은 출판사는 책의 배너광고를 쇼핑몰에 붙이고 매출의 일정 부분을 광고료로 지불하는 조건, 책에 실린 레시피 중 몇 가지를 이미지로 만들어 쇼핑몰의 상세 페이지 등에서 사용

할 수 있도록 하는 조건을 제시했다. 옷을 구경하는 고객들이 호기심을 갖고 레시피를 읽도록 유도하려는 계획인데, 고객 입장에서도 쇼핑만 하는 곳이 아니라 요리도 배울 수 있는 쇼핑몰이라는 이미지를 갖게 할 수 있을 테니 서로 윈윈할 수 있다고 설득할 셈이었다. 고객들이 자신의 인스타그램에 책과 함께 착용사진을 올리면 책값에 쓸 수 있는 사이버 머니도 제공하기로 했다.

이와 유사한 시도는 실제로 있었다. 영국의 BirdsEye^{버즈아이}라는 레스토랑은 인스타그램에 식사 사진을 올리면 그것을 광고비로 환산해 무료로 음식을 제공하는 Pay-by-Picture Restaurant라는 이벤트를 실시하기도 했다.

처음에는 패션 쇼핑몰에서 책 광고를 붙인다는 아이디어에 갸우뚱해 하던 쇼핑몰 대표도 "우린 주요 고객층이 같지 않나요?"라는 A의 말에 고개를 끄덕였다. 미팅은 계획대로 잘 됐고 출간 보름 전부터 이 쇼핑몰의 움직이는 배너에는 책광고가 실렸다.

'옷 쇼핑몰에 왠 책광고?'라고 고개를 갸웃거리는 방문자들이 적지 않았고 '적립 포인트로 책을 구매할 수 있습니다'라는 안내문 덕분인지 주문도 한 권, 두 권씩 들어오기 시작했다.

배너광고 비용은 책 판매 금액의 일정 부분을 구매확정과 함께 쇼핑몰에 지급하기로 계약했기 때문에 따로 비용이 들어가지도 않았으므로 전적으로 남는 장사였던 셈이다. A는 패션 쇼핑몰과 출판사의 컬래보레이션에 대한 간단한 보도자료를 만들어서 언론사들에 배포도 했다.

'책과 옷의 컬래보, 책 파는 패션쇼핑몰 등장, 고객들도 신선해 해'라는 식으로 신문기사처럼 제목을 달았더니 호기심을 갖고 전화를 하는 기자도 나오기 시작했다. 색다른 시도 덕분에 A가 마케팅 한 요리책은 기대 이상의 판매고를 올리게 됐다.

이외에도 출판사에서 요즘 유행하는 그림그리기 책을 홍보할 때에도 인스타그램을 이용하는 방법을 생각해 볼 수 있다. 출판사의 인스타그램에 책에 실린 그림과 그것의 무채색 본을 함께 올려놓은 후 유저들이 무채색본을 다운받아서 직접 색칠할 수 있도록 유도하는 방법이다. 예비독자들의 참여를 통해서 구매를 유도할 수 있는 마케팅으로 활용하는 아이디어로 낙서나 캘리그라피에 대한 책에도 적용할 수 있다.

나. 패션브랜드 - 고객들이 만드는 브랜드 룩북 Look Book

포에버21이나 8세컨즈, 유니클로와 같은 패션 브랜드들은 이미 인스타그램을 적극적으로 마케팅에 활용하고 있는데 해시태그를 활용해 고객들의 사진으로 브랜드의 룩북을 만드는 방법도 고려해 볼만하다.

'참신한 게 필요해'라는 말을 입버릇처럼 달고다니는 패션 브랜드 마케터인 J는 요즘 인스타그램에 푹 빠져 있다. 패피패션 피플의 약자들을 구경하는 재미 덕분이다. 하루는 J가 좋아하는 가수 아이비의 인스타그램에 들어갔다가 홍보 논란으로 문제가 됐던 데일리 셔츠를 보게 됐다. 돈 한 푼 들이지 않고 공짜로 톡톡한 홍보효과를 누린 어느 디자이너가 부러웠던 J는 문득 '인스타를 룩북처럼 보이게 하면 좋지 않을까?' 하고 생각하게 되었다.

인스타그램은 한 장의 사진만이 돋보이도록 편집되어 있는

○ 인스타그램을 룩북으로 만든다면?

데 '이것을 모자이크 형식으로 만들 수 있다면 마치 브랜드에서 큰돈을 들여 만드는 룩북처럼 보이지 않을까?'하는 아이디어를 떠올린 것이다.

앞 페이지의 자료는 인스타그리드라는 어플로 만들어본 사진인데 패션브랜드들의 룩북이 인스타그램으로 만들어진다면 이런 형태가 아닐까 싶다. 포인트는 물론 해시태그로 모은 고객의 사진이다. 이렇게 만든 룩북을 실제로 만들어 오프라인에 배포를 하는 방법도 고민해 볼만하지 않을까?

다. 외식업 – 명함 말고는 알 수 있는 게 없다고요?

요즘 다양한 경영 현장에서 빅 데이터$^{Big\ Data}$라는 단어를 쉽게 들을 수 있다. 이제는 컴퓨터와 인터넷 사이트 등의 IT 기술을 통해서 고객의 구매 기록이나 웹사이트에서 방문했던 웹페이지의 순서와 체류 시간 등 다양한 정보를 거의 실시간으로 축적할 수 있게 되었다. 빅 데이터란 이렇게 모인 정보를 잘 해석해서 경영 활동에 꼭 필요한 정보를 얻을 수 있다는 개념이다.

그런데 이런 빅 데이터라는 개념이 소규모 기업이나 개인 업체들에게는 그림의 떡처럼 받아들여지고 있다는 점이다. 빅 데이터에 필요한 대규모의 하드웨어와 소프트웨어를 구비하는 데에만 많은 비용이 필요하고, 데이터를 제대로 분석하고 해석할 수 있는 인력을 채용하는 것에도 적잖은 돈이 필요할 것이라는 생각 때문이다.

그러나 방법이 없는 것은 아니다. 이를테면 스몰 데이터^{Small} ^{Data}를 통해서도 필요한 정보를 어느 정도는 얻는 것이 불가능하지만은 않다. 경치 좋고 호젓한 바닷가의 음식점 주인인 S씨가 인스타그램을 활용하는 방식이 하나의 힌트가 될 것이다.

S씨의 음식점은 높지 않은 바닷가 언덕 위에 자리잡고 있어 풍경이 아주 좋다. 차를 타고 경치를 구경하는 사람도 적지 않을 정도라 오가는 사람이 적은 곳은 아닌데 문제는 음식을 먹으러 들어오는 사람이 많지 않다는 점이다. 게다가 그나마 음식점으로 들어오는 사람도 메뉴판을 보고는 그냥 나가버리는 경우도 적지 않아서 S씨의 고민은 날로 깊어지고 있었다.

"손님들한테 물어볼 수 있으면 뭔가 힌트라도 얻을 수 있을 텐데, 식사하는 사람들을 붙잡고 이것저것 캐물을 수도 없어서 고민입니다"라고 하소연을 하는 S씨의 눈에 들어오는 무언가가 있었다. 한 손님이 테이블에 두고 간 잡지에 실린 기사였는데 제목이 S씨의 관심을 단박에 사로잡았기 때문이다. 〈어느 레스토랑의 디지털 성공담〉이라는 제목의 기사는 LA 지역에 있는 한 이탈리안 레스토랑이 매출부진으로 파산했다가 IT 기술을 활용한 고객 정보 분석을 통해서 재기에 성공했다는 내용이 담겨 있었다.

매출 부진에 시달리다가 그만 파산을 하고만 루이시즈 트래토리아Louise's Trattoria를 인수한 프레드 르프랑Fred LeFranc씨는 매출의 80%를 차지하던 신용카드 결제 데이터를 분석하면 해결 방안이 나올 수 있을 것으로 판단했다. 지금까지 주방장과 매니저의 감에만 의존해서 만들던 메뉴가 아니라 손님들의 기호와 지역의 인구분포 등에 대한 데이터를 수집하고 분석하면 정말로 잘 판매가 되는 메뉴를 만들 수 있다고 여긴 것이다.

CRM과 컨설팅 서비스를 제공하는 가젤 시스템Gazelle System을 알게 된다. "그래 내가 필요한 게 바로 이것이었어"라며 기뻐하던 르 프랑 씨는 가젤 시스템을 통해서 루이시즈 트래토리아 레스토랑의 반년 치 매출 데이터를 분석했다. "맙소사, 지배인 말과는 전혀 다르잖아"라는 탄식을 내뱉은 르 프랑스는 지금까지 자신들이 알고 있던 단골들의 모습이 실제와는 상당히 다르다는 것을 알게 됐다.

데이터를 분석해보니 단골손님들은 생각보다 부유했고, 상당수가 혼자서 아이를 키우고 있는 여성이었다. 가젤 시스템을 통해서 이 아이들의 연령대가 평균적으로 열 살에서 열세 살 사이라는 것도 알게 됐다. 새롭게 파악된 정보를 바탕으로 메뉴구성이 새롭게 바뀌었고, 가젤 시스템의 분석대로 지역에 살고 있는 단골 고객들을 대상으로 하는 마케팅과 프로모션을 자주 실시했다.

이렇게 2년가량을 노력한 결과, 루이시즈 트래토리아는 10만 명에 달하는 고객 데이터 베이스를 구축할 수 있었고 이것을 바탕으로 변화하기 시작했다. 매출은 뚜렷한 증가추세로 돌아서고 고객들의 재방문율이 월 2회에서 3.5회로 뛰었고 평균 결제금액도 13달러에서 16달러로 상승했다.

S씨는 루이시즈 트래토리아의 사례가 자신에게도 도움이 될 것이라는 확신하게 됐는데 문제는 어떻게 그 정보를 모으고 해석해야 하는 가였다. 가젤 시스템과 같은 IT 시스템을 들여놓을 여력이 없었고, 그런 서비스를 제공하는 믿을만한 회사도 찾을 수가 없었기 때문이었다. 그렇게 고민을 거듭하던 S씨는 거의 모든 손님들의 손에 들려있는 스마트폰과 SNS 서비스를 활용해보자고 생각하게 됐다.

다행히 S씨의 레스토랑에서 판매하는 음식들이 먹음직하고, 레스토랑 분위기와 좋은 풍경 덕분에 오는 손님들은 너나할 것 없이 스마트폰 카메라로 열심히 음식과 분위기를 찍곤 했는데 이것을 잘만 활용하면 도움이 될 것이라고 판단했다. S씨가 선택한 도구는 인스타그램이었다. 가장 핫한 SNS일 뿐만 아니라 실제로도 음식을 찍어 올리는 사람들 중 대부분이 인스타그램을 이용하고 있었기 때문이었다. S씨는 레스토랑의 공식 인스타그램 계정을 오픈한 후, 팔로우를 하면 할인쿠폰을 제공하는 방식으로 팔로워를 늘려가기 시작했다.

또 하나 S씨가 빼놓지 않은 것이 바로 팔로워들의 인스타그램을 꼼꼼하게 살펴보는 것이었다. 음식 사진을 찍을 때 어떤 해시태그를 사용하는지, 태그 중 음식과 관련되지 않은 것들은 어떤 것이 있고 왜 그런 태그를 적었는지에 대해서 연구하기 시작했다. 그렇게 인스타그램의 사진을 통해서 고객들에게서 들을 수 없었던 정보가 하나씩 모이기 시작했고, 요즘은 어떤 메뉴가 유행인지, 어떤 이벤트에는 어느 메뉴가 가장 인기 있는지에 대한 감이 오기 시작했다.

메뉴개발에도 인스타그램을 통해서 얻은 데이터를 반영했고 그렇게 해서 나온 음식 사진을 하루에 두 번씩 아침 메뉴와 저녁 메뉴에 대한 소개 형식으로 인스타그램에 꾸준히 올리기 시작했다. 방문하는 손님에게는 꼭 "인스타그램을 보고 오셨나요?"라고 물어보았고 팔로워인 손님에게는 별도의 할인 쿠폰을 나중에 반드시 보내는 식으로 단골을 하나씩 늘려나갔다. S씨의 바닷가 레스토랑은 어느새 그 지역 명소로 자리 잡기 시작했다.

S씨가 인스타그램을 성공적인 마케팅 도구로 적극적으로 활용한 것이 성공의 비결이었다. 해시태그와 사진, 사진과 함께 올린 태그를 통해서 데이터를 수집하고 분석한 후, '우리 레스토랑의 손님은 이런 분들이다'라는 고객 프로 파일을 작성한 것이 주효했기 때문이다. S씨는 "명함 말고는 손님에 대해서 알 수 있는 게 없는데요"라고 했던 자신의 했던 말이 문득 생각나 너무나 부끄러워졌다.

읽 을 거 리

시장조사, 인스타그램으로 할 수 있다

　패션 브랜드에서 인스타그램을 비즈니스 차원에서 활용할 수 있는 또 다른 아이디어는 시장 조사 활동에 적용하는 것을 생각할 수 있다. 이를테면 곳곳의 매장과 가맹점이나 백화점 아울렛, 인터넷 쇼핑몰 등을 돌면서 시장조사를 반드시 하게 되는데 이런 활동을 인스타그램으로 통해서 하는 것이다.

　팔로워들로 하여금 시장 조사가 필요한 지역의 사진이나 경쟁 브랜드의 제품 중에서 많이 팔리고 눈에 잘 띄는 것을 찍어서 올리도록 유도하는 방법이다. 패션브랜드들의 팔로워는 이미 인구통계학적 특징이 분명한 사람들이기 때문에 그들이 관심갖고 올리는 사진들은 정보로서의 가치가 충분하다. 이를테면 8세컨즈의 팔로워들에게 '우리가 만들었으면 하는 옷의 아이디어를 인스타그램에 올려주세요'라는 내용을 이미지로 만들어 올린다면 그 자료가 이미 시장조사의 결과로써 일차 가공된 정보일 것이다.

　인스타그램을 통해서 시장조사원을 고용하는 것과 같은 효과를 거둘 수 있다는 것이다. 이런 업무에 필요한 교육을 사전에 시행한 후에 말이다. 운영 여하에 따라서는 상당히 효과적인 시장조사 보고서나 트렌드 분석 보고서가 나올 수도 있지 않을까?

　이런 과정 중에서 업무 능력이 출중한 팔로워는 정식으로 채용하는 것도 괜찮은 직원 채용 방식이 될 수 있을 것이다. 인스타그램을 마케팅적 관점에서 활용하기 위해 궁리하고 시도하다 보면 저비용 고효율의 마케팅 리서치 도구로서 그 가치를 알게 될 수 있다.

프로젝트 숍, 홍콩비어 안양점으로
확인한 마케팅 효과

비록 가상으로 만든 사례이기는 하지만 인스타그램은 그것을 어떻게 활용하느냐에 따라서 매우 효과적인 마케팅 수단이 된다는 것을 필자는 확실히 알고 있다. 직접 그것을 경험하고 있기 때문이다. 안양 1번가에서 운영 중인 술집, 홍콩비어 안양점은 필자가 인스타그램 마케팅을 실천하고 그 효과를 검증하는 프로젝트 숍이다. 이 매장을 운영하면서 많은 것들을 실제로 배우고 있고, 인스타그램의 마케팅 효과가 상당함을 느끼고 있다.

그중에서 꼭 언급해야 하는 것 중 하나가 바로 크리티컬 매스

Critical Mass : 유의미한 숫자의 확보이다. 이 크리티컬 매스는 마케팅 분야에서 자주 쓰이는 말인데 어떠한 캠페인이나 마케팅 프로그램이 실질적인 효과를 보기 위해서는 최소한 일정 규모 이상의 이용자가 사전에 확보되어 있어야만 한다는 것을 뜻한다. 제 아

무리 좋은 마케팅 아이디어와 파격적인 혜택을 계획하고 있더라도 팔로워가 몇 명 되지 않는다면 그것이 효과가 제대로 나타날 리 없다.

필자의 생각으로는 최소한 약 1천 명의 팔로워는 확보하고 있어야 마케팅의 효과를 약간이라도 볼 수 있다. 그래서 강의 때마다 "1천 명은 만드셔야 합니다"라고 말하고 있다.

이러한 크리티컬 매스의 중요성은 카카오의 성공에서도 잘 알 수 있는데 다음 카카오가 현

○ 인터넷은 빠른 것이 이긴다, 진수씨도 놀랄 진수 씨의 O2O마케팅

Part 3 • 사례로 파헤쳐보는 실전, 인스타그램 마케팅

재 벌이고 있는 그 많은 사업들을 시작하기 위해서 가장 먼저 했던 일이 바로 크리티컬 매스의 확보였다. 이렇게 일정 규모 이상의 사용자를 확보해야 광고를 하든 게임 플랫폼을 띄우든 그것이 효과를 볼 수 있기 때문인데 다음 카카오가 최초에 했던 서비스인 카카오톡이 무료로 제공됐던 것도 그런 배경으로 이해할 수 있다. 여기에 무료 음성통화라는 파격적인 서비스를 제공하면서 카카오는 단기간에 많은 이용자를 확보할 수 있었고 이것을 바탕으로 다양한 사업을 전개할 수 있었다.

필자는 오프라인 매장인 홍콩비어 안양점을 운영하면서 요즘 많은 관심을 모으고 있는 주제인 O2O 마케팅^{Online to Offline marketing}이 인스타그램을 통해서도 가능하다는 사실을 확인할 수 있었다. 얼마 전 화제가 됐던 '진수 씨, 맥주 사주세요'라는 마케팅을 혹시 기억한다면 왜 필자가 인스타그램 마케팅의 가능성에 대해 확신을 갖고 있는지 알 수 있으리라고 생각한다. 자세한 내용은 이 책의 마지막 파트로 정리해놓았으니 참조하길 바란다.

신뢰야말로 인스타그램 마케팅의 모든 것이다

   #

왜 네이버블로그는 안 믿어도, 인스타그램은 믿을까?

핵심은 언제나 콘텐츠이다

늘 도사리는 위기, 어떻게 관리해야 할까?

i•n•s•t•a•g•r•a•m m•a•r•k•e•t•i•n•g

왜 네이버블로그는 안 믿어도, 인스타그램은 믿을까?

앞장에서는 효과적인 마케팅 채널로서의 인스타그램을 살펴보았다. 스타벅스나 포에버21과 같은 브랜드들의 사례를 통해서 인스타그램 마케팅의 가능성도 확인할 수 있었다. 그렇다면 이제 곧장 인스타그램 마케팅이라는 새로운 무대에 뛰어들어야 할까?

필자의 대답은 "아직이요"이다. 수영하기 전에 미리 간단히 체조하는 것이 필수이다. 준비운동 없이 물에 뛰어들었다가 안타까운 사고를 당하는 사람들이 적지 않다. 이렇게 사고를 당하는 사람들은 대부분 제법 수영을 잘하는 사람들이라고 한다. 그 이유는 물을 우습게 봤기 때문이다. 반대로 오히려 수영을 잘 못하는 사람들의 사고는 드물다. 이처럼 인스타그램으로 마케팅하는 것에도 미리 해야 하는 것이 있다.

괜찮은 마케팅 채널이라는 것을 알게 됐고, 한발이라도 먼저 뛰어들어야 하는 곳이라는 사실도 알게 됐지만 그렇다고 해도 준비운동은 빼먹어서는 안 된다고 말하는 이유도 거기에 있다. 급하게 뛰어들었다가 미리 막을 수 있었던 상황 때문에 곤욕을 치를 필요는 없지 않은가.

얼마 전까지 인터넷 마케팅을 대표하는 것은 블로그 마케팅 즉, 네이버 블로그 마케팅이었다. 아직도 그 위력이 남아있는 것은 사실이지만 이제 네이버 블로그 마케팅의 위상은 예전만 못한 것이 사실이다. 트위터나 페이스북, 카카오스토리, 인스타그램 마케팅이 빠르게 네이버 블로그 마케팅의 자리를 잠식해 들어가고 있다.

인터넷 검색과 관련된 재미있는 팁[Tip]이 화제가 된 일이 있다. 맛집 검색에서 실패하지 않는 여섯 가지 방법[20]이라는 내용의 이 글에서 언급된 검색 방법은 '지역명+오빠랑'이었다. 이를테면 건대 근처에서 맛집을 찾으려면 네이버에서 건대 맛집이라고 검색하는 것이 아니라 '건대 오빠랑'이라고 검색하라는 것이다. 이 팁은 인터넷 여러 곳으로 퍼져나갔고 기발하다 혹은 효

---

20) http://www.huffingtonpost.kr/sehoi-park/story_b_8607532.html

과 있더라는 식의 댓글이 적지 않게 달렸었다. 눈치 빠른 네티즌들의 검색 노하우에 '오빠랑'이라는 이 팁이 앞자리를 차지하게 됐다. 네이버 블로그에서 제대로 된 정보를 알려면 예전과는 다른 방법이 필요하다는 것을 이미 네티즌들이 경험적으로 알고 있다는 것을 의미하는 일인 셈이다. 이제는 오빠랑을 제치고 '존맛'이라는 비장의 검색 노하우가 등장하고 있는 실정이다. 제대로 된 검색결과에 대한 사람들의 욕구는 검색엔진의 로직변화가 따라잡기 힘들 정도로 빠르고 강력하다는 증거다.

그런데 이 시점에서 우리가 먼저 집고 넘어가야 할 것은 '어떻게 인스타그램 마케팅을 해야 하는가?'가 아니라 '왜? 블로그 마케팅의 위상이 예전만 못한가?'라는 의문을 먼저 풀어야 한다는 점이다. 왜 이렇게 됐을까? 정답은 매우 단순하다. 신뢰를 잃었기 때문이다. 네이버 블로그가 광고 글과 홍보성 글로 뒤덮였다고 사람들은 생각한다.

네이버를 이용하는 사람들이 더 이상 검색결과나 지식인의 답변 혹은 네이버 블로그 메인 페이지에 올라온 포스트들을 신뢰하지 않게 된 것도 그런 이유에서다. '어차피 광고겠거니'라고 한 수 접어주고 검색결과를 받아들인다. 신뢰하는 것이 아니라 그저 참고만 하는 수준으로 네이버 블로그에 대한 기대치가 낮아진 것이다.

이런 현상이 일어나게 된 원인은 이미 앞에서 다루었다. 예전에는 네이버 블로그 검색의 효과가 뛰어나기 때문에 그것을 원하는 사람들이 생겨났고, 그들의 원하는 바를 충족시켜 줌으로써 돈을 버는 곳들이 함께 나타났다. 이들 블로그 마케팅 대행사들의 실력과 노하우가 높아질수록 네이버 블로그 검색결과는 조금씩 왜곡되기 시작했고 신뢰를 잃기에 이르렀다. 사람들은 돈만 주면 네이버 메인에 올라갈 수 있다고 믿게 됐기 때문이다. 실제로 그랬던 것이 사실이긴 하다. 이렇게 대행업체에 비용을 지급하여 검색순위가 올라가는 일이 잦아지면서 네이버 블로그는 예전의 신뢰 수준을 회복하지 못했고, 그 빈자리를 다른 SNS들이 잽싸게 파고들고 있는 형국인 셈이다.

이제 적지 않은 사람들이 인스타그램이라는 새로운 SNS가 네이버 블로그의 추락으로 생긴 빈자리를 채울 수 있다고 생각하고 있다. 인스타그램의 사진들이 사용자들로부터의 믿음을 얻고 있기 때문이다. 그렇다면 '인스타그램 마케팅이 제대로 효과를 보기 위해서는 신뢰를 잃지 않아야 한다'는 사실을 염두에 두어야 한다. 그게 인스타그램 마케팅의 첫걸음이자 가장 중요한 핵심이다. 네이버 블로그가 그랬던 것처럼 일단 이용자들로부터 신뢰를 잃으면 어떠한 마케팅도 소용없다.

읽을거리

SNS는 권력관계를 변화시키고 있다

인터넷과 스마트폰의 발달이 많은 변화를 가져왔지만 그 중에서 빼놓을 수 없는 것이 바로 권력 관계의 변화라고 할 수 있다. 특히 실시간 소통이 가능한 SNS의 발달은 좋기는 하지만 스마트폰에 달린 카메라는 모든 사람들을 기자나 리포터로 만들었다.

예전에는 언론사를 통해서 불편한 사실이나 숨기고 싶은 실수 등을 감추고, 은폐하는 것이 어느 정도는 가능했었지만 이제는 거의 불가능한 일이 되어버렸다. 스마트폰으로 동영상을 촬영할 수 있고 그 자리에서 올리고 불특정 다수가 그것을 실시간으로 볼 수 있는 스트리밍 방송까지 개인차원의 서비스가 됐기 때문이다. 이제 숨길 수 있는 것은 세상에 없다고 해도 크게 틀린 말은 아니다.

임산부의 배를 걷어찼다는 ○○당의 폭행사건이 결국은 손님의 거짓말이라는 것도, 선릉역 퓨전 중국집 케첩 사건도, 국물녀 사건도 모두 최초 제보자의 거짓이라는 게 드러났다. SNS의 발달로 비롯된 일이다. 예전 같으면 화제가 되는 일조차 어려웠을 법한 소식이 SNS를 통해서 순식간에 장안의 화제가 될 수 있고, 또 SNS를 통해서 하루 이틀 만에 그것이 뒤집히기도 한다.

이런 SNS의 급격한 발달은 전통적인 권력관계까지 변화를 일으킨다. 고객과 기업의 관계도 달라지고 있다. 거대기업이 한 명의 고객에게 저지른 불친절 때문에 CEO가 기자회견을 열고 정중히 사과할 수밖에 없는 시대가 됐고, 전혀 유명하지도 않은 누군지도 모를 네티즌 한명의 SNS가 일으킨 유행 때문에 1년간 10만 개만 팔려도 대박이라는 과자가 불과 한두 달 만에 100만 개 판매 실적을 올리기도 한다.

고객과 기업의 관계만 이런 변화를 겪고 있는 것이 아니다. 요즘 너무나 심각한 문제가 된 청년 취업 현장에서도 권력관계는 변화의 조짐이 나타나고 있다. 예전 같으면 면접관은 초월적인 갑^{甲}이었고, 면접자는 영원한 을^{乙}이었다. 면접자의 눈에 들지 못하면 일자리를 얻을 수 없기 때문이었다.

하지만 이제는 인터넷과 SNS 때문에 면접장의 풍경까지 달라지고 있다. 자칫 면접자에게 불편한 발언이나 태도를 취하기라도 하면 면접자가 올린 SNS 글 한 줄 때문에 상사에게 불려가 질책을 받고 인사고과 평점이 깎이기도 한다. 면접관이 탈락자에게 보낸 개인적인 위로의 편지 한 장이 SNS를 통해서 회사의 이미지를 끌어올릴 수도 있는 시대가 됐다. 이 모두 SNS 덕분이다.

마케팅 현장에 불고 있는 이런 SNS의 위력은 더욱 크다. 무언가를 네티즌들에게 숨기려 하다가는 큰 낭패를 볼 수 있다. 숨기는 것 자체가 불가능에 가깝기도 하기에 인정할 것은 인정해야 한다. 상황이 이렇게 변하고 있을 때, 마케터들이나 브랜드 담당자들, CEO들이 취해야 할 자세는 차라리 솔직해지는 것이다. 뼛속까지 개그맨이라고 불리는 전유성이 인사동에 열었던 카페의 메뉴판에는 이런 글귀가 적혀 있었다고 한다.

'이거 팔아서 돈 벌려고요.'

너무나 솔직한 내용에 오히려 사람들은 박수를 치며 좋아했다고 한다. 눈에 보이는 뻔한 거짓말을 하느니 차라리 당황스러울 정도로 솔직한 모습이 신뢰를 받는 지름길이 되기도 하는 시대이다.

'이거 손해보면서 드리는 겁니다'라는 상인의 말을 믿을 사람이 어디에 있겠는가? 인스타그램 마케팅에 있어서도 가장 중요한 것이 신뢰라는 것을 이해했다면 굳이 구태의연한 행동을 반복할 필요는 없다. 고객이나 네티즌들이 좋아하고 신뢰를 보내는 것은 돈에 초연한 듯한 모습이 아니라 솔직한 모습이다.

8천 원짜리 라면을 팔아야 할 때, 유기농 웰빙 라면이라고 마케팅 하는 것보다는 차라리 '임대료가 너무 비싸요'라고 쓰는 게 반응이 더 좋지 않을까? 우리는 늘 링컨이 말한 이 명언을 기억해야 한다.

'몇 사람을 영원히 속이거나 모든 사람을 일시적으로 속일 수 있지만 모든 사람을 영원히 속일 수는 없다.'

핵심은 언제나 콘텐츠이다

인스타그램 마케팅도 결국은 팔로워들과 일반 유저들로부터 얼마만큼의 신뢰를 얻느냐에 달려 있다해도 틀린 말은 아니다. 그렇다면 인스타그램에서 어떻게 해야 신뢰를 얻을 수 있을까? 다양한 답변이 나오겠지만 아마 사진으로라는 대답이 가장 많을 것이다. 이미지 기반의 SNS인 인스타그램을 통해서 팔로워와 유저들의 신뢰를 얻을 수 있는 가장 효과적인 방법은 사진을 통해서일 것이다. 인스타그램이 단 한 장의 사진이나 영상으로 승부를 보는 SNS이기 때문이다.

생각해보면 네이버 블로그나 유튜브, 트위터, 인스타그램까지 많은 사람들의 선택을 받고 사랑받았던 서비스들에서 인기를 얻을 수 있었던 유일한 공통점은 콘텐츠였다는 것을 알 수 있다. 네이버 파워블로그가 될 수 있는 기준이 블로거들에게 사랑받고 인정받는 콘텐츠가 있는가였고, 구독자가 많은 파워 유튜버들도 그들이 올리는 콘텐츠 때문이었다. 때로는 엽기적인 동영상이기도 했고, 가슴을 울리는 따뜻한 영상이기도 했지만 결국 유튜브에서 성공하려면 좋은 콘텐츠가 필요했다.

다만 각각의 인터넷 서비스가 운영되는 핵심적인 커뮤니케이션 방법을 따랐다는 전제조건에서 말이다. 트위터라고 다르지 않았다. 140자밖에 안 되지만 사람들의 가슴을 울리는 글, 혀를 차게 만들던 소식을 순식간에 트위터 전체로 퍼뜨릴 수 있었던 파워 유저들의 무기가 바로 글 즉, 콘텐츠였다. 인스타그램은 사진이나 짧은 영상으로 승부를 볼 수밖에 없다. 15초밖에(현재는

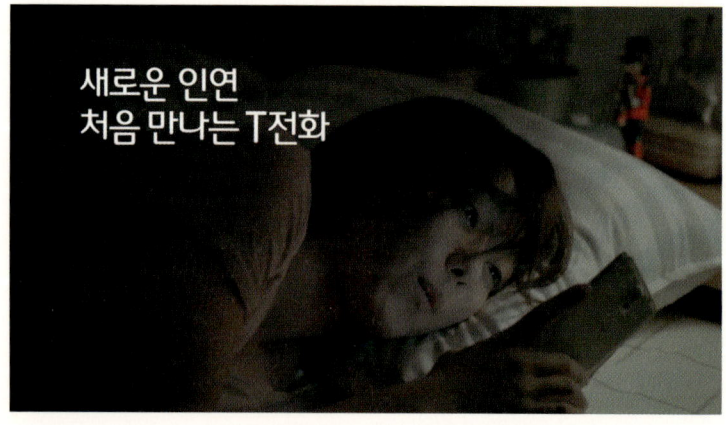

◉ '새로운 인연, 처음 만나는 T전화(여자편)'

60초로 늘어남 노출되지 않는 데 감동적인 3분짜리 영상을 만들면 무슨 소용이 있겠는가 말이다.

이렇게 콘텐츠가 인터넷 마케팅에 있어서 해당 채널의 운영보다 더 중요하다는 점에 착안한 마케팅들이 등장, 좋은 반응을 얻고 있다. SK텔레콤의 새로운 서비스 T전화의 마케팅을 맡았던 이혁수 소셜마케팅팀 부장은 한 언론과의 인터뷰[21]에서 다음과 같이 말했다. 다양한 SNS 채널을 구축하고 운영하는 것이 필요하기는 하지만 각각의 채널마다 한계가 있기 때문에 그것을 뛰어넘는 효과를 기대하는 방법은 진정성 있는 커뮤니케이션과 콘텐츠라고 말이다.

이 부장은 "각 채널의 이용자가 진정성을 느낄 수 있는 소통의 소재가 중요한데 온라인 마케팅은 해당 채널의 운영 보다 그 콘텐츠가 어떤 것인지에 따라 마케팅의 성패를 좌우한다"라고 말했다. 그렇게 해서 나온 첫 번째 CF가 조회수 150만 건이라는 히트를 친 영상, '새로운 인연, 처음 만나는 T전화여자편'이었다. 한 여대생의 풋풋한 사랑이야기를 진솔하게 다룬 이 영상은 광고가 아니라 친구의 연애담을 곁에서 지켜보는 듯한 느낌을 주어 호평받았다.

---

21) http://www.ittoday.co.kr/news/articleView.html?idxno=53512

가. 콘텐츠는 알고리즘도 뛰어넘는다

잘 만들어진 콘텐츠가 인스타그램이든 유튜브든 트위터든 어떤 채널에서든 신뢰받을 수 있는 비법이라는 것을 살펴봤다. 콘텐츠가 갖는 힘은 이 정도에서 그치지 않는다. 모든 SNS가 갖고 있는 알고리즘 같은 로직까지도 극복할 수 있기 때문이다. 이를테면 앞장에서도 살펴본 것처럼 네이버 블로거들이 가장 알고 싶은 것이 바로 네이버의 검색 로직일 것이다. 어떤 원리로 네이버 검색결과가 첫 페이지냐 혹은 48페이지 노출이냐가 결정되는지를 알 수 있다.

다른 인터넷 서비스나 SNS도 마찬가지다. 구글 검색에서 상위 검색되고 싶은 모든 사람들이 궁금해하는 것 역시 구글의 알고리즘이다. 의욕이 넘치는 몇몇 네티즌들은 구글 검색엔진의 원리인 페이지 랭크 알고리즘을 알고 싶어서 창업자인 세르게이 브린과 레리 페이지의 논문[22]까지 연구했을 정도다. 그 알고리즘을 분석해낼 수만 있다면 세계에서 가장 많은 사람들이 이용하는 검색엔진의 첫 페이지에 자신의 블로그나 광고 같은 웹페이지가 노출될 수 있을 테니 말이다.

그런데 필자가 강의 때마다 혹은 컨설팅 때마다 '네이버나 구글의 알고리즘에 대한 비밀을 알려할게 아니라 정직하고 부지

---
22) http://infolab.stanford.edu/~backrub/google.html

런하며 끈기있게 하셔야 합니다'라고 당부 드리는 이유가 바로 여기에 있다. 좋은 콘텐츠에 집중해야 한다는 것은 괜히 하는 얘기가 아니라 아주 현실적인 조언이다. 좋은 콘텐츠야말로 모든 알고리즘들이 좋아하는 비밀, 바로 그것이기 때문이다.

수많은 변화에도 불구하고 여전히 흔들리지 않고 있는 구글 페이지랭크 가장 기본이 되는 알고리즘은 영향력이 있는 페이지가 인용할수록 페이지랭크가 올라간다는 것이다. 신뢰받는 콘텐츠라는 의미이다.

검색결과를 건강하게 유지하기 위해서 네이버도 그렇고 구글이나 다음, 페이스북의 알고리즘은 주기적으로 변한다. 그렇게 하지 않으면 고객들의 신뢰를 잃어버리기 때문이다.

앞서 들었던 네이버 맛집 검색을 예를 들어보자. 누군가 네이버에서 맛집 검색을 했다고 가정해보자. 그런데 검색결과의 상위에 오른 음식점이 네이버 블로거들이 가장 많이 추천하는 업소였다면 어떤 결과가 빚어질까? 아마 그 음식점 앞에는 사람들이 줄을 서서 기다리는 모습을 볼수 있게 될 것이다. 그만큼 네이버 검색의 위력이 실로 대단하다. 신문 방송에 출연한 것에 뒤지지 않을 정도이니까 말이다. 그런데 문제는 바로 여기서 시작된다.

네이버 검색의 상위권에만 오르면 손님이 바글바글해진다는 것을 알고 있기 때문에 너도 나도 '어떻게 해서든 첫 페이지에 올라갔으면~'하고 생각한다. 이렇게 검색 상위권에 대한 수요가 많으니 공급도 덩달아 많아질 수밖에 없다.

　인터넷 마케팅, 혹은 블로그 마케팅, 인스타그램 마케팅으로 검색하면 적지 않은 전문가들 혹은 전문 서비스 업체들이 저마다의 노하우와 실적을 자랑하고 있다. 수많은 인터넷 마케팅 업체들이 저마다 우리에게 맡기면 문제없다고 호언장담한다. 이런 달콤한 속삭임이 어느 정도는 효과가 있는 것도 사실은 사실이다. 문제는 오래 가지 않는다는 점이다.

　왜 그럴까? 하루에도 몇만 명 때로는 십만 명 단위의 방문객이 방문하던 블로그가 어느 날 갑자기 검색 리스트 자체에서 사라져 버리곤 한다. 찾기도 힘든 네이버 고객센터에 문의를 남겨봐도 대답은 없게 마련이고 속은 타들어간다. 여기에 들인 돈이 얼만데라는 생각에 입이 바싹 타들어가는 초조함을 느끼게 되는 것도 당연한 일이다. 바로 속칭 저품질 블로그가 됐기 때문이다. '네이버가 이 블로그는 광고성 정보를 제공하니 이용자들에게 불편을 끼치고 있구나'라고 판단하고는 검색결과에서 아예 삭제해 버린다. 저품질 블로그라는 낙인을 찍어버린 채 말이다. 안타깝지만 일단 저품질 블로그로 판단되면 회생할 방법은 거의 없다고 봐야 한다.

　이런 무시무시한 일을 하는 것이 바로 알고리즘이다. 사람인 관리자가 블로그들을 하나하나 읽어가면서 '이건 참 좋은 블로그군. 검색이 잘 되도록 해야겠어' 또는 '사행성이 짙은 포스트만 올라오는 걸 보니 아주 나쁜 블로그야. 차단시키도록 합시다'라고 하는 것이 아니라 네이버가 자체적으로 갖고 있는 판단 기준에 의해서 짜여진 알고리즘에 의해서 그 수많은 포스트와 블로그들이 판단된다. 그런데 머리 좋은 인터넷 마케팅 업체들이나 개인들은 끊임없이 이 알고리즘을 알아내기 위해서 궁리한다. 그렇게 해서 어렵사리 알아낸 노하우를 첫 페이지에만 검색되게 해달라고 하는 소비자들에게 판매하는 것이다. 이렇게 알고리즘의 비밀이나 허점이 파악됐다 싶으면 네이버는 또 알고리즘을 바꾼다. 구글도 마찬가지고 드림위즈, 다음, 야후 검색도 그렇고 페이스북이나 인스타그램도 마찬가지다. 모든 인터넷 서비스의 알고리즘이 공통적으로 그렇다.

그렇지만 이렇게 끊임없는 알고리즘의 변화에도 아랑곳없이 상위 노출을 계속할 수 있는 거의 유일한 비밀이 바로 신뢰받는 콘텐츠이다. 이용자들에게 정말 도움이 되고, 필요한 정보를 제공해주는 콘텐츠는 어떤 알고리즘이든 환영한다.

한때 우리나라 블로그 시장을 완전히 장악했던 네이버 블로그가 어느새 그 검색결과를 믿는 사람이 거의 없을 정도로 신뢰를 상실한 이유도 따지고 보면 알고리즘 관리에 실패했기 때문이라고 볼 수 있다. 인터넷 마케팅 전문가들이 어떻게 하면 네이버 상위검색에 오를 수 있는지를 꿰뚫고 있다 보니 돈만 주면 저품질의 믿을 수 없고 광고성 짙은 콘텐츠들도 네이버 첫 페이지에 올라갈 수 있게 된 것이다.

그러다 보니 어느새 네이버 이용자들은 '네이버 검색엔 광고만 나와요'라고 판단하게 된 것이다. 알고리즘이 변화해서 저품질의 블로그들을 끊임없이 걸러내고 있지만 일단 이용자들이 검색결과를 불신하게 되면 그러한 판단을 뒤바꾸기란 여간 어려운 것이 아니다. 하지만 네이버 블로그에 대한 신뢰가 예전같지 않다고 해서 인터넷 이용자들의 검색 욕구가 사라진 것은 결코 아니다.

누군가 그 자리를 대신하고 있고 이를테면 요즘 인스타그램으로 효과를 톡톡히 봤다고 말하는 사람들이나 브랜드들이 적지 않은 것도 그런 까닭이다. 찾고 싶은 욕구는 확실히 있기 때문에 믿을만한 곳에서 그 정보를 찾고 있는 것이다. 바로 인스타그램에서다. 아직은 인스타그램이 바로 그런 믿을만한 곳이라는 사실이 가장 중요하다.

나. 인스타그램의 사랑받는 콘텐츠란 이런 것

하지만 워낙 변화가 빠른 분야가 SNS이다 보니 벌써 인스타그램의 콘텐츠에 대해 의구심이 자라고 있다. 그 분명한 증거가 인스타그램 마케터들의 등장이다. 이를테면 '1만 원에 1천 명 늘려드립니다라'는 팔로워 장사꾼들이 있더라는 얘기가 인터넷 커뮤니티에 올라오기도 했다. 이 글에 한 네티즌은 자신의 서비스 경험담을 댓글로 올렸다.

인스타그램 마케팅 업체의 노하우 일부가 공개된 셈인데 이들 대행사가 고객 계정에 접속한 다음, 좋아요, 선팔^{먼저 팔로우} 등의 작업을 대신 해주는 방법으로 팔로워 숫자를 늘린다는 것이다. 좋아요를 열심히 누르고, '선팔 부탁합니다'와 같은 글도 대신 올려준다거나 빼놓을 수 없는 해시태그 작업도 열심히 대행해준다는 식이다. 반론도 있어서 '큰돈도 아닌데 효과가 있으면 되는 것 아니냐?'라는 의견도 있고 '인위적으로 팔로워 숫자를 늘리는 것도 아니고 열심히 인스타해서 팔로워가 느는 건데 뭐가 문제인가? 그 정도는 대신해줄 수도 있는 거 아닌가요?'라고 업체측의 입장을 옹호하는 사람도 있다. 문제는 이런 과정이 바로 네이버 블로그가 이용자들로부터 신뢰를 잃기 시작했던 모습을 고스란히 답습하고 있다는 사실이다.

조만간 혹은 언젠가는 인스타그램도 신뢰를 잃을지도 모른다. 그런 와중에도 꾸준히 이용자들과 인스타그램으로부터 사랑받는 콘텐츠를 지속적으로 올릴 수만 있다면 어떤 상황이든 극복할 수 있을 것이다. 앞에서 말한 SKT 담당자의 말처럼 말이다.

다. 마음을 울리는 키워드 유머, 공감, 안타까움

비주얼로 승부를 보는 SNS이다보니 어쩔 수 없이 인스타그램에서는 예쁘고 잘 생기면 팔로워를 늘리는 일이 어렵지 않다.

아니, 쉽다. 하지만 이건 원망한다고 해서 해결될 문제가 아니기 때문에 뭔가 다른 방법이 필요하다. 그 좋은 방법이 공감대를 형성할 수 있는 주제를 선택하는 것이다. 이를테면 유머, 분노, 안타까움 등과 관련된 콘텐츠를 선택해 올리는 방법이다. 사례를 들어 설명해보자.

첫 번째 사례인 유머 콘텐츠다. 외국의 한 커뮤니티 사이트에 올라왔던 사진인데 많은 사람들로 하여금 냉소적인 웃음을 짓게 만든 사진이다. 사진에 달린 댓글이 그것을 알려주는데 '흠…웃기긴 하네요. 씁쓸하지만 재미있군요' 등의 반응이다. 왜 이 사진을 보면서 '웃기긴 웃기는데…'라며 떨떠름해 했는지 그 유머코드를 찾아낸다면 응용할 수 있을 것이다.

앞에서 열심히 달리고 있는 남자의 티셔츠 뒤에 적힌 글자에 주목해보자. '쉰 살, 비만, 당뇨병, 당신 앞에'라고 적혀있다. 그런데 왜 이 사진을 보고 사람들이 웃었을까? 서양 사람들의 유머코드를 이해하는 데 약간의 도움이 될 수 있으므로 풀이해보

○ 문화권을 뛰어넘는 유머? 약간의 자기비하

겠다.

사진 속 상황은 아마도 단축 마라톤 대회쯤 되는 모양이다. 사진을 찍은 사람도 열심히 달리고 있던 와중에 앞사람을 보고는 촬영을 했다. 왜일까? '나는 쉰 살이고 비만인데다 당뇨병도 있어. 그런데도 너보다 앞에 달리고 있지요'이라는 의미이기 때문이다. 아마도 사진을 찍은 사람의 감정은 약간은 허탈하고 또 약간은 웃기기도 한 심정이었을 것이다. '뭐야, 나는 이 사람보다 젊고, 건강하며 당뇨병도 없는데 더 못 달리잖아'라는 심정 말이다. 결국, 이 사진을 보고 웃긴 웃은 사람들도 사진을 찍은 사람과 같은 감정을 느끼고는 웃었던 것이라고 짐작할 수 있다. 이 한 장의 사진을 통해 감정을 공유하는 사람이 있더라는 사실이 중요하다.

두 번째는 공감이다. 2015년 11월 13일, 전 세계인들을 분노와 슬픔에 잠기게 하는 사건이 일어났다. 프랑스 파리에서 일어났던 무장총격 사건 때문이다.

이슬람 무장테러집단 IS가 저지른 폭탄테러사건으로 파리에서 6백여 명의 사상자가 나온 참사가 일어났다. 이 안타까운 사건 때문에 세계의 수많은 사람들이 자신의 SNS에 Pray for Paris라는 문구가 적힌 이미지를 올리며 추모의 감정을 표했다.

여기서 주의할 것은 추모의 감정을 함께 나누고자 하는 마음이 앞선 나머지 오타를 낸다거나, 비극적인 사건을 마케팅의 기회로 삼는다거나 해서는 절대 안 된다는 점이다. 실제로 몇

○ 파리를 추모하는 이미지

몇 어린 아이돌 가수가 Pray를 Play로 잘못 적는 바람에 네티즌들의 심한 질타를 받고 사과하는 일도 있었다. 의도와는 전혀 다른 의미가 됐으니 야단을 맞아도 달리 변명할 여지도 없는 실수였던 셈이다. Pray for Paris가 적힌 티셔츠를 판매하려던 인터넷 쇼핑몰도 역시 사람들에게 격렬한 비난을 받고 판매를 중단해야 했다. 마케팅이 저지를 수 있는 최악의 실수 중 하나로 기록될만한 일이 아닐까 싶다. 사람들의 감정은 공감하는 것이지 이용하는 것이 아니라는 사실을 잊었기에 빚어진 촌극인 셈이다.

세 번째는 안타까움이다. 옆 페이지의 사진을 기억하는 사람들이 적지 않을 것이다. 얼마 전 SNS를 통해서 올라온 필리핀의 한 홈리스 소년을 찍은 사진이다. 무슨 사연에서인지 공부가 하고 싶었지만 집이 없는 이 소년은 맥도널드 매장의 불빛 아래에서 공부하고 있었다. 우연히 이 광경을 목격한 사람이 자신의 SNS에 사진을 올렸고 수많은 사람들의 안타까움을 자아내게 했다. 아마도 누군지도 모를 이 소년에 대해서 '내가 그냥 이대

○ '그냥 있을 것인가?'에 대한 무거운 질문을 유발

로 안타까워만 하고 있어도 되는가?'라는 무거운 책임감을 느낀 사람들이 적지 않았을 것으로 짐작된다. 다행히 사진의 주인공인 소년은 지금 소년을 돕자는 SNS상에서의 모금운동 덕분에 살 곳을 얻어 무사히 공부할 수 있게 되었다는 근황이 알려지기도 했다.

인스타그램에서 유명해지기 위해서가 아니더라도 일상생활을 하면서 주위를 유심히 살펴보는 것도 나쁘지 않다. 기자만이 글을 올리고, 사진작가만이 작품 사진을 올릴 수 있는 것은 아니지 않은가.

읽을거리

벤츠 - 태그로 알린 커스터마이즈드 서비스

앞에서 언급된 이미지들처럼 굳이 잘 찍은 사진이 아니더라도, 많은 사람들과 공감대를 형성할 수 있는 이미지들은 얼마든지 생각할 수 있다. 이외에도 인스타그램의 기능을 잘 이용해서 자신들이 알리고자 하는 서비스를 재치있게 홍보하는 데에도 이미지가 쓰인 사례가 있다. 바로 독일 자동차 브랜드 벤츠가 실시한 커스터마이즈드Customize 서비스 캠페인이다.

요즘 자동차 회사들은 경쟁자들이 제공하지 않는 서비스들을 통

○ 태그를 누르면 차량 색깔이 변한다?

해서 고객들에게 호감을 사고있는데, 그중에서도 최고급 자동차 브랜드들이 자신의 고객들에게 특별한 브랜드 경험을 느낄 수 있는 다양한 아이디어를 생산에 반영하고 있다. 벤츠가 인스타그램을 통해서 실시한 커스터마이즈드 서비스 캠페인은 벤츠 차량 구매고객들이 기존의 색상이 아닌 자신만의 독특한 색상의 차량을 구매할 수 있도록 해주는 서비스를 알리고자 하는 목적에서 기획됐다. 문제는 벤츠가 제공할 수 있는 엄청나게 많은 수의 차량 색상을 인스타그램에서 알리는가였다. 단 한 장의 이미지만을 올릴 수 있다보니 제공 가능한 숫자만큼의 사진을 올리는 것은 오히려 역효과만을 나타낼 것이 뻔했기 때문에 마케팅 담당자의 고민이 컸다.

그런데 이 고민은 인스타그램의 태그^{Tag} 기능을 활용해서 훌륭하게 해결해 낼 수 있었다. 벤츠의 신차 사진 하나만을 인스타그램에 올린 후, 그 아래에 다양한 색상을 적은 태그를 함께 올리는 방법이었다. 이렇게 하면 사진을 보고 흥미를 느낀 사람들이 태그를 클릭할 때마다 차량 사진이 바뀌는 것을 볼 수 있도록 하는 것이 가능해졌다. 인스타그램을 이용하는 젊은이들에게 벤츠가 좋지만 아버지가 타는 차라는 브랜드 이미지를 한층 젊은 것으로 바꾸는 데 이바지한 성공적인 캠페인이라는 평가를 받았다.

늘 도사리는 위기,
어떻게 관리해야 할까?

잘 만든 콘텐츠를 통해서 인스타그램 마케팅을 성공적으로 진행할 수 있는 것은 분명하지만 이러한 아이디어의 실현 과정이 마냥 성공적일 수만은 없다. 전혀 예상치 못했던 불상사가 일어날 수도 의도와는 다른 해석으로 받아들여져 비난의 화살을 맞게 될 수도 있다. 좋은 뜻으로 동참하려다가 그만 영어 오타 한 글자 때문에 엄청난 비난을 들은 여자 아이돌 가수들은 아마 한동안 인스타그램에 들어올 엄두도 내지 못했을 것이라는 생각이 든다.

인스타그램과 같은 SNS가 마케팅 채널로서의 가능성과 함께

위기를 퍼뜨리는 통로의 역할도 할 수 있다는 점에서 위기관리 대책을 미리 세워둘 필요가 반드시 있다. 앞에서 언급됐던 탐앤탐스 커피의 트위터 대응 사례는 매우 성공적인 위기관리 능력이 기업과 브랜드에 얼마나 큰 효과가 있을 수 있는지에 대해서 잘 보여주고 있다.

SNS를 통해 발생하는 위기관리에 대한 대비가 필요한 시점이다. 아직 외국은 물론 국내에서도 SNS 위기관리에 대한 표준 대응 모델이나 대책안에 대한 논의가 활발하게 일어나지는 않았지만 분명한 것은 SNS와 각종 인터넷 공간을 면밀하게 살펴보는 지속적인 노력이 필요한 것만은 사실이다.

어떤 인터넷 공간이 이러한 소식을 널리 퍼뜨리는 허브Hub, 중심축의 역할을 하고 있는지에 대해서도 미리 파악해 두고 있어야 한다. 이를테면 국내 사이트로는 오늘의 유머나 웃긴대학, DC인사이드나 일간베스트와 같은 것들이 그러한 역할을 하고 있다.

자사와 자사의 브랜드에 위해가 될 수 있을만한 내용이 인터넷에 올라왔을 때는 즉각적으로 그에 대해서 대응하는 체계를 갖추고 있어야 한다. 중요한 것은 인터넷에 퍼지고 있는 내용이 사실인지 아닌지를 판단하는 것이 아니라 시간을 확보하는 것이다. 그 사실을 인지하고 있다는 점을 분명히 해야 확인되지 않은 내용이 인터넷상에서 무차별적으로 확산하는 것을 일차적으로 막는 수단이 될 수 있다.

이를테면 최초의 대응방식은 이런 게 좋다. "○○ 본사입니다. 인터넷에서 언급되고 있는 이 사안에 대해서 회사 차원에서의 진상조사가 이뤄지고 있습니다. 무엇보다 이러한 일이 일어나게 한 점 진심으로 사과드리며, 최대한 빠른 시간 내에 확인 후 다시 말씀 드릴 것을 약속드립니다. 다시 한 번 머리숙여 사과드립니다." 더불어 즉각적으로 반응해야 한다.

만약 나중에 근거 없는 루머라는 사실이 밝혀지더라도 어쨌든 불미스러운 소식이 퍼졌다는 사실 자체에 대해서만큼은 진심어린 사죄의 모습을 보여주는 것이 좋다.

또 하나 잊지 말아야 할 것은 사태가 진정되고 근거없는 소문이었다는 결론이 드러나게 되면 그 사실을 반드시 회사의 공식

○ 진심으로 사죄하는 모습, T 커피숍 관계자

SNS 계정 등을 통해서 알려야 한다는 점이다. 이런 위기 상황을 겪고 나면 그 사실 자체를 다시 언급하기를 싫어하기 마련이다. 하지만 억울한 소문에 희생된 것이라는 사실을 바로잡지 않으면 두고두고 그 일이 발목을 잡게 될 수도 있다.

이를테면 벌써 수십 년 전에 일어났던 일이지만 여전히 삼양라면 공업용 우지 파동을 사실로 믿고 있는 사람이 적지 않은 것처럼 말이다. '아, 그거 사실 아니에요?'라고 깜짝 놀라는 사람이 지금도 적지 않을 것이다.

이런 갑작스러운 루머에 대해서 어떻게 대응하는 것이 좋은가에 관한 내용을 다룬 책 《루머^{Romour}》에는 그 사실을 믿을 것 같은 사람이 실제로는 믿지 않는다는 것을 부각하는 것이 가장 효과적인 방법이라고 조언한다.

SNS상에서 언제 어떻게 찾아올지 모르는 위기, 예방이 최선이지만 이미 발생한 사건이라면 최대한 빨리 진정성으로 승부해야 한다.

P·A·R·T
5

인스타그램 A to Z 직접 해보기

#

첫 번째 관문, 회원 가입하기

두 번째 관문, 프로필 설정하기

인스타그램 메뉴를 파헤쳐보자

인스타그램의 키포인트, 해시태그의 모든 것

팔로워와 팔로잉: 선팔, 맞팔, 언팔

사진 올리는 방법 및 설정하기

인스타그램 사진기법

인스타그램 글쓰기의 핵심

i•n•s•t•a•g•r•a•m•m•a•r•k•e•t•i•n•g

첫 번째 관문,
회원 가입하기

　　　　　　인스타그램을 이용하려면 인스타그램 앱을 다운로드 받은 후, 계정을 만들면 된다. 인스타그램 계정을 만드는 방법은 자신이 사용하는 스마트폰의 운영체제에 따라서 약간의 차이가 있다. 아이폰을 사용할때는 앱 스토어App Store에 접속, 인스타그램으로 검색을 하면 폴라로이드 카메라 모양의 인스타그램 아이콘이 눈에 띌 것이다. 그것을 클릭하면 가입 절차가 시작된다. 안드로이드 스마트폰의 경우에는 Google Play 스토어에서 인스타그램을 찾아 다운받으면 된다. 윈도우폰인 경우에는 Windows Phone 8 이상의 버전에서만 다운 받을 수 있다.

계정을 만들고 가입이 완료되면 PC에서도 인스타그램을 이용하는 것이 가능하다. 다운받은 인스타그램 앱이 설치 완료되면 [ ] 아이콘을 눌러 열고 가입하기를 누르면 된다. 가입하는 방법은 페이스북 회원정보로 가입하는 방법과 자신이 사용하는 이메일 주소를 입력하고 가입하는 두 가지가 있다.

○ 인스타그램 가입 페이지

페이스북 계정을 통한 가입 방법은 페이스북이 인스타그램을 인수하고 추가된 방법인데, 페이스북 회원이라면 간단히 페이스북으로 로그인을 누르고 자신의 페이스북 계정으로 가입하면 가입절차가 완료된다. 단, 현재 페이스북 계정에 로그인 상태가 아닐 경우에는 로그인하라는 메시지가 표시되기 때문에 페이스북에 로그인 한 상태로 인스타그램 계정을 만드는 것이 더 편리하다.

둘째, 이메일 주소를 입력하고 가입하는 방법이다. 가입하기를 누른 다음, 자신이 현재 사용하고 있는 이메일 주소를 입력한 다음, 다음을 누르면 사용자 이름과 비밀번호, 프로필 정보를 입력하는 페이지가 나오는데 입력 후, 완료를 누르면 가입절차가 끝난다. 프로필 수정은 나중에라도 가능하므로 '멋진 문구로 프로필을 쓰지?'라고 고민할 필요는 없다. 간단하게 이름 정도만 적은 후 가입해도 무방하다. 단, 주의할 점은 프로필을 작성할 때에 이름에 신경을 많이 써야 한다.

앱을 깔고 이메일을 통한 회원가입이나 페이스북 아이디로 가입해서 인스타그램에 들어왔다면 인스타그램 마케팅을 위한 첫 번째 관문은 통과한 셈이다.

인스타그램에서 계정추가 기능이 생겼다. 원래 인스타그램에서 다른 계정을 사용하기 위해서는 로그아웃을 한 후, 다른 계정으로 다시 로그인해야만 하는 번거로움이 있었다. 이런 번거로움이 있다보니 여러 계정을 동시에 운영하는데 불편함을 겪을 수 밖에 없었다.

하지만 이제는 인스타그램 앱 안에서 여러 계정으로 접속하는 것이 가능해졌다. 계정 전환기능을 사용하면 로그아웃 없이 다른 인스타그램 계정으로 변경할 수 있다. 기능을 사용하기 위해서는 프로필 설정 부분에서 추가라는 버튼을 누른 후 계정을 추가로 입력해 주면 사용할 수 있다. 프로필에 있는 사용자 이름을 누르면 쉽게 다른 계정으로 변경된다. 자신이 현재 사용하고 있는 계정은 화면 오른쪽 밑에 프로필 사진을 통해 확인할 수 있다.

○ 인스타그램 계정 추가 기능

두 번째 관문,
프로필 설정하기

　　　　　　　　　　계정을 갖게 됐다면 이제 프로필을 작성할 차례다. 집을 지었으면 편안하게 살 수 있도록 집안을 단장하는 것이 당연한 것과 마찬가지로 프로필은 다른 인스타그램 유저들이 나를 찾아왔을 때 '이 유저는 이런 사람이로구나' 라고 생각할 수 있는 대문에 달린 문패와 같은 것이다. 따라서 신경 써서 작성해야 한다.

　특히 어떤 이름을 갖느냐가 중요하다. 프로필을 작성 시 이름에 신경을 많이 써야 하는 이유는 인스타그램내에서의 중요한 검색 방법의 하나가 이름 검색이기 때문이다. 만약 어떤 사람의

◦ 프로필 설정 후 모습

인스타그램 계정을 찾으려고 한다면 어떤 방법을 선택할까? 닉네임이나 아이디를 알고 있다면 그것을 검색해보는 방법도 있겠지만 그 사람이 다른 웹사이트에서 사용하는 아이디와 닉네임을 인스타그램에서도 사용하고 있으리라는 법도 없으니 우선 생각할 수 있는 방법이 바로 이름으로 검색하는 것이다.

게다가 인터넷 공간에서의 이름은 다른 사람들이 나를 찾아오게 만드는 브랜드의 역할을 하는 것이니만큼 이름을 잘 짓는 것은 매우 중요하다. 인스타그램에 가입하기 전에 미리 좋은 이름을 생각해둘 필요가 있다.

프로필을 작성할 때에 주의할 또 한 가지는 글자 수의 제한이 있다는 것이다. 멋진 글귀를 적는 것도 좋기는 하지만 제한된 글자 수를 넘겨 프로필이 잘려서 보이는 일은 피해야 한다. 문득 트위터의 140자 제한을 옹호하려다가 망신을 당했던 어느 트위터리안의 에피소드가 떠오른다.

프로필을 잘 작성해야 하는 또 다른 이유는 인스타그램과 외부가 연결될 수 있는 유일한 통로이기 때문이다. 인스타그램의 운영정책상 외부링크는 허용되지 않고 있는데, 프로필에서만큼

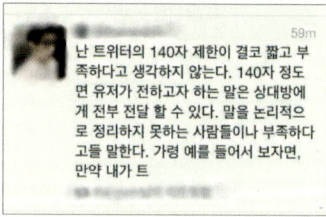

○ 검색어 트위터의 흔한 바보같은 글쓰기

은 그것이 허용된다. 그래서 인스타그램 프로필에는 자신이 운영하고 있는 블로그나 쇼핑몰, 홈페이지, 페이스북 주소, 혹은 상담할 수 있는 오픈카톡이나 옐로아이디를 활용하면 좋다. 아래의 그림은 필자의 인스타그램 프로필인데 필자가 어떤 일을 하고 있는지와 다른 SNS 계정도 프로필에 써서 링크시켜 놓고 있다.

프로필을 잘 꾸몄지만 무언가 아쉬움을 느끼는 사람에게 한 가지 팁을 하나 준다면 인스타그램 프로필은 이름과 홈페이지 주소, 이메일, 연락처 등이 한 줄로 나열된다. 따라서 아이폰 사용자라면 메모장을 열어 프로필을 작성한 다음 복사를 하고 인스타그램 프로필 편집 창으로 돌아와 붙여넣기를 하면 줄 바꿈이 된 깔끔한 소개 글을 입력할 수 있다.

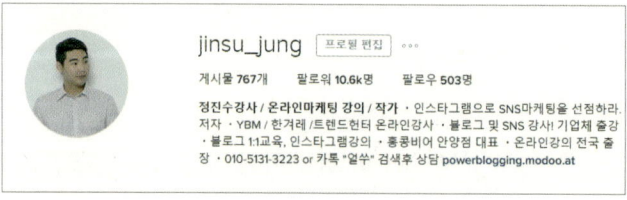

○ 필자의 블로그 주소가 링크된 인스타그램 프로필

인스타그램 메뉴를
파헤쳐 보자

인스타그램 마케팅에서 중요한 것이 몇 가지 있는데 그중에서 우선 인기 게시물과 최신 글을 빼놓을 수 없다. 우선 최신 글은 인스타그램의 페이지 상단에 올라오는 게시물이다. 자신이 팔로우하는 사람이 올린 포스트 중 가장 최근에 올린 것이 이 영역에 올라오는 것을 말한다.

최신 글이 중요한 이유는 나보다 팔로워 숫자가 많다고 최신 글에 올라가는 것도 아니고, 나보다 잘생기거나 예쁘다고 차지할 수 있는 공간도 아니라 가장 최근에 올린이라는 유일한 기준으로 노출되는 영역이다. 특별한 노력 없이도 인스타그램 사용자들에게 자신의 게시물을 널리 알릴 수 있다는 점에서 최신 글은 반드시 놓쳐서는 안 되는 공간이다.

가. 최신 글과 인기게시물의 차이

최신 글에 있어서도 중요한 포인트가 있다. 그것이 바로 게시물을 올릴 정확한 타이밍이다. 내가 소통하고 싶은 사람들이 가장 많이 인스타그램을 이용하고 있는 시간에 맞춰서 게시물을 올려야만 최신 글을 통해서 노출되기 때문이다. 이를테면 동네 학생들에게 떡볶이를 팔고 싶은 분식점 사장님이 인스타그램을 이용한다면 하교 시간에 맞춰 떡볶이 게시물을 올려야 한다는 뜻이다. 해시태그는 #떡볶이 #동네이름 #학교명 그리고 #분식점 상호명 정도를 달아 두면 좋은데, 아래의 해시태그를 참고하면 된다. 해시태그에 대해서도 다른 장에서 보다 자세하게 다룰 것이다.

#우리동네 #할머니떡볶이 #분당초등학교
#분당초 즉석떡볶이가 참 맛있는데 #먹고싶다 #분당

이렇게 내 팔로워나 소통하고 싶은 사람들이 인스타그램을 가장 많이 이용하고 있을 시간에 올린 게시물은 좋아요를 얻을 확률도 높다. 필자가 운영하는 홍콩비어 안양점의 인스타그램을 통해서도 이러한 사실을 알 수 있다. 예를 들면 갓난아이를 키우고 있는 엄마들이 봐주었으면 하는 게시물을 올릴 때에는 아이들을 재우고 나서 약간의 짬을 낼 수 있는 시간대에 맞추는 것이 좋다. 또한, 주부들을 타깃으로 한다면 남편이 출근하는 시간이나 아이들이 등교하는 시간대에 게시물을 올리면 제아무리 좋은 내용이라고 하더라도 주부들이 그걸 볼 수가 없기 때문이다. 최신 글은 누구에게나 열린 기회의 공간이기 때문에 다른 사람들이 게시물을 올린다면 바로 뒤로 밀려버리고만다. 정확한 타이밍이 최신 글을 성공적으로 공략할 수 있는 비결이다.

하지만 2016년 3월 15일, 인스타그램에서 인스타그램이 시간 역순으로 배열하던 기존 노출 방식을 버리고 페이스북과 같은 알고리즘 기반의 맞춤형 피드로 바꿔갈 계획임을 공식화했다. 인스타그램사에서는 자사 블로그를 통해 페이스북과 같은 사용자 맞춤형 피드로 변경할 계획이라고 밝혔다. 당분간은 전체 사용자 가운데 일부에 한해서만 시범적으로 적용할 계획이다.

인스타그램사는 알고리즘 기반 피드로 변경을 결정한 배경에 대해 '사용자 증가 때문'이라고 했다. 빠른 속도로 사용자수가 늘어나면서 친구들이 등록한 이미지를 놓치는 경우가 빈번해졌다는 것이다. 인스타그램에 따르면 사용자들이 피드를 통해 보게 되는 친구들의 이미지는 실제로 포스팅된 콘텐츠의 30%에 불과하다고 했다.

알고리즘 피드 방식이 도입될 경우 친한 친구의 사진을 놓치는 경우는 현재보다 훨씬 줄어들게 된다. 예를 들면 비행 중 스마트폰 전원을 꺼뒀을 때 친한 친구의 사진이 등록되면, 인스타그램은 스마트폰이 켜진 이후 해당 콘텐츠를 추천해주게 된다. 친구 간 친밀도는 상호작용 데이터를 바탕으로 측정하게 된다.

하지만 모든 게 확정된 부분은 아니니, 인스타그램의 향후 행보는 조금 더 지켜봐야 할듯하다.

최신 글이 정확한 타이밍이 관건이라면 인기 게시물의 포인트는 팔로워 숫자라고 할 수 있다. 인스타그램이 어떤 알고리즘에 의해서 인기 게시물을 선정하는지는 밝히고 있지 않기 때문에 다양한 테스트와 경험을 통해서 미루어 짐작해야 하는데, 필자가 판단하기로는 짧은 시간 내에 얼마나 많은 반응을 얻느냐에 따라서 결정되는 것으로 보인다.

이를테면 게시물을 올리고 즉각적으로 인스타그램 유저들에게 반향을 일으키는 게시물이 인기 게시물로 직행한다는 것이다. 좋아요와 댓글이 많이 달리는 게시물 역시 인기 게시물로 분류되는 경향이 나타나고 있다. 이러한 현실적인 사안을 미루어 볼 때, 관건은 많은 팔로워를 확보한 유저일수록 인기 게시물에 올라갈 확률이 훨씬 높다는 것이다. 뒤에서 필자가 직접 테스트했던 '진수 씨, 맥주 사주세요'라는 앰부시 마케팅에서도 이에 대해 다시 언급하도록 하겠다.

나. 해시태그로 검색하는 방법

앞서 떡볶이집 사례에서 해시태그를 잠시 언급했지만 인스타그램 마케팅에 있어서 최신 글이나 인기 게시물만큼 중요한 것이 바로 유명한 해시태그이다. 개방형 SNS로 설계된 인스타그램은 원칙적으로 계정을 일부로 비공개로 돌리지 않는 한, 유저가 올리는 모든 게시물은 전체 공개된다.

그런데 이것은 게시물이 불특정 다수에게 공개되기 때문에 역설적으로 공개효과는 떨어질 수밖에 없게 된다. 관심이 없는 이들에게는 게시물을 노출해 봐야 기대하는 효과를 얻을 수 없다. 차라리 내 게시물이 노출되기를 원하는 사람들에게만 노출되는 것이 훨씬 기대효과가 높을 것은 당연한 이치이다.

따라서 해시태그를 인스타그램 마케팅에서 가장 중요한 포인트라고 말하는 이유가 여기에 숨어있다. 해시태그를 통해서 특정한 사람들에게 게시물을 보여질 수 있도록 할 수 있기 때문이다. 하나의 사례를 들어보도록 하겠다.

> 야호! 오늘 #수능 끝!! 점심은 엄마가
> #아웃백에서 #스테이크 후훗!

예를 들어 수능시험 당일 날 시험을 마치고 나온 어느 수험생이 셀카를 찍은 후, 인스타그램에 사진을 올렸고 다음과 같은 태그를 달았다고 해보자. 이 사진은 누구에게 보여질까? 해시태그를 제외하면 사진은 이 수험생을 팔로우 하고 있는 사람들에게 보여진다. 그런데 해시태그를 달고 있는 특정 단어들 #수능 #대딩 #아웃백 #스테이크 때문에 인스타그램에서 동일한 해시태그를 검색한 전 세계의 모든 유저들에게 이 게시물이 공개된다는 것이다.

구체적으로 말하자면 수험생이거나 혹은 수능을 끝낸 수험생들에게 할인쿠폰을 뿌리고 싶은 음식점 사장님이나 수험생의 모습을 찾고 싶은 기자들이라면 바로 #수능이라고 입력하면 된다. 인스타그램에 #수능이라고 태그를 단 모든 사람들을 볼 수 있기 때문이다. #아웃백의 경우에는 아웃백에 어떤 메뉴가 인기 있는지 궁금한 사람이거나 아웃백에 가려고 하는 사람이 입력해 검색할 것이고 그런 사람들을 모두 검색해 볼 수 있다.

이것은 마케팅적인 측면에서 대단히 유용한 기능이다. 같은 관심사를 갖고 있는 사람들을 간추려 만날 수 있도록 해주기 때문이다. 만약 위의 수험생이 #steak라는 해시태그를 더 달았다면 미국에 있는 스테이크에 관심있는 사람이나 브라질의 슈하스코를 좋아하는 사람들도 이 수험생의 인스타그램 게시물을 찾아볼 수 있게 됐을 것이다. 해시태그 하나로 같은 관심사를 갖고 있는 전 세계의 모든 사람들을 그루핑할 수 있게 된 것이다.

어떻게 활용하느냐에 따라서 대단히 유용한 마케팅 툴이 될 수 있기 때문에 필자를 비롯한 많은 사람들이 인스타그램의 해시태그에 대해 늘 고민하고 있다.

대신 해시태그의 사용법을 정확하게 익히지 않으면 엉뚱한 결과를 낳을 수도 있으니 주의해야 한다. 우선 해시태그는 띄어쓰기를 인식하지 못한다. 만약 #여자 친구라고 태그를 달면 여자로 검색한 사람들에게만 보여진다. #에버랜드라고 태그를 달지 않고 #용인 에버랜드라고 했을 경우에는 에버랜드를 검색한 사람에게는 보여지지 않고 용인을 검색한 사람들에게 노출이 된다는 뜻이다.

또 한 가지, 해시태그는 문장 마지막에 한꺼번에 몰아서 쓰는 방법도 가능하다. 이를테면 #이대앞 #코엑스라고 지역명을 태깅하면 이 지역을 검색한 사람들에게도 게시물이 보여진다. 해시태그의 사용법에 대해 보다 자세하게 알고 싶으면 인스타그램의 질의응답 페이지[23]를 참조하는 것도 좋다.

또 한가지 주의할 점은 국문이나 영문과 같은 일반 문자와 숫자는 사용할 수 있지만 특수문자 %, $, & 같은 것들은 사용할 수 없다. 해시태그를 적는 것은 자신이 올린 게시물에만 태그를 설정할 수 있다. 하나의 게시물에 태깅할 수 있는 해시태그의 숫자는 29개로 제한이 되어 있다. 단, 해시태그 숫자 제한은 종종 변동이 되기 때문에 그때그때 확인하는 것이 좋다.

---

23) http://blog.instagram.com/post/17674993957/instagram-tips-using-hashtags

인스타그램의 키포인트,
해시태그의 모든 것

　　　　　　만약 누가 "인스타그램에서 가장 중요한 게 무엇입니까?"라고 묻는다면 대부분 "해시태그!"라고 말할 것이다. 이 해시태그라는 것은 인스타그램 상단의 검색창에 #특정 단어로 입력하는 것을 말하는데, 이 해시태그가 만들어진 이유를 알게 되면 왜 인스타그램 마케팅에서도 해시태그가 가장 중요하다고 하는지 짐작할 수 있다.

　간단하게 말하면 해시태그는 검색의 편리함을 위해 도입된 기능이다. 사용자가 인스타그램에서 찾고 싶은 사진이나 영상을 효과적으로 찾을 수 있도록 만든 도구라는 얘기이다. 해시태그는 원래 특정 주제별로 개설된 토론방 형식으로 트위터를 이용하던 사용자들이 자신들의 토론방 콘텐츠를 구분하기 위해서 만들어 사용한 것이 시초이다.

해시태그가 최초로 사용된 것은 2007년, 미국 샌디에이고에서 발생한 대형 화재 사고 때 관련 콘텐츠에 #sandiegofire라는 해시태그를 붙여 이 사고와 관련된 콘텐츠를 모으는데 사용하면서 부터라고 알려졌다. 이 해시태그의 유용한 기능이 조금씩 알려지고 널리 사용되고 있는데 인스타그램 뿐만 아니라 다양한 SNS에서 해시태그를 사용하고 있고, 트위터는 2009년 해시태그를 아예 공식 서비스로 제공한다.

아무튼 인스타그램 마케팅에서 이 해시태그가 가장 중요하다고 말할 수 있는 것도 그런 실용적인 목적에서의 활용이 가능하다. 해시태그를 통해서 인스타그램 이용자를 대상으로 어떤 것에 관심이 있는지를 짐작할 수 있고, 그것에 관심을 갖고 있는 사람들만을 따로 모아서 볼 수도 있다. 불특정 다수가 존재하는 시장에서 특정한 관심사를 가진 잠재고객들만을 따로 모으고 Grouping, 분류 Sorting하는 것이 해시태그를 통해서 가능하게 됐다.

해시태그라는 것 자체가 '나는 이것을 찾고 싶다'라는 의사표시이다. 마케팅 캠페인의 효과를 높이기 위해서 시장세분화를 하거나 목표시장을 결정하는 행위 등을 하는데, 인스타그램에서는 이 해시태그만으로도 이용자들의 원하는 바를 일목요연하게 분리해낼 수 있다는 결정적인 장점이 있는 셈이다. 앞에서

SNS가 대기업이든 소규모 자영업자이든 공평하게 대단한 가능성이라는 기회를 제공할 수 있다고 말한 것도 해시태그의 이런 기능 때문이다.

해시태그를 살펴보면 '이 사람이 무엇을 원하고 있구나'라는 일차적인 정보뿐만 아니라 다른 어떤 것에 관심이 있는지도 더불어 알 수 있다. 하나의 해시태그를 통해서 공통된 관심사를 가진 사람들을 한 자리에 묶을 수 있었고, 다른 해시태그 검색을 덧붙여 해보면 묶인 사람들의 관심사를 한 차원 더 깊이 파악할 수 있다.

이를테면 #먹스타그램이라는 해시태그로 검색하면 인스타그램 이용자 중에서 먹스타그램을 태깅한 모든 사람들이 주르르 정렬되어 나온다. 모두 먹스타그램 즉, 음식에 관심이 많거나,

○ 핫hot한 키워드 먹스타그램으로 인스타그램을 검색한 화면

음식점 정보가 필요한 사람들을 #먹스타그램이라는 해시태그로 한 자리에 모아놓은 것과 같은 효과를 볼 수 있다는 것이다.

이렇게 해시태그를 잘만 활용할 수 있다면 이렇게 훌륭한 마케팅 도구가 될 수 있는 것은 확실하지만 '어떤 해시태그를 쓰느냐?'가 중요하다. 이를테면 오늘 찍은 셀카 사진이 유난히 마음에 들어서 인스타그램에 올려 은근히 자랑하고 싶을 때 해시태그를 어떻게 다느냐에 따라서 검색이 잘 안될 수도 있다.

이를테면 #셀카라고 태깅했는데 사람들이 셀프카메라라는 뜻의 해시태그를 주로 #셀피로 사용한다면 검색이 되지 않는다. 흔히 사용하는 셀카나 셀프카메라 셀피 혹은 selfie는 모두 같은 뜻이기는 하지만 사람들이 주로 어떤 것을 사용하느냐에 따라서 검색결과가 달라질 수 있다.

그렇다고 셀피^{selfie} 셀프카메라를 모두 입력할 필요까지는 없고, 사람들이 많이 사용하는 단어를 태깅하면 된다. 어떤 단어를 해시태그에 사용하는 것이 좋은지 궁금할 때에는 건돌이닷컴$^{http://www.gundolle.com/rank/hashtag}$ 이나 인스타넷$^{http://instanet.kr/2015/06/19/instagram-hashtag/}$ 같은 사이트나 네이버 실시간 검색사이트 등에서 검색순위에 오르내리는 단어를 가져와 검색해보는 방법도 좋다.

읽을거리

옥션 도메인 결정에
얽힌 에피소드

인터넷에서 흔히 사용되는 단어 중 알고 보면 틀린 단어가 사용되는 경우가 적지 않다. 앞서 예를 든 것처럼 "문법적으로 셀카는 옳지 않아. 셀프 카메라라고 써야 해!"라고 말할 수도 있지만 많은 사람들이 셀프 카메라가 아니라 셀카로 사용하면 인터넷에서는 셀카가 표준어의 역할을 하게 된다는 것이다.

국내에서 인터넷 비즈니스가 막 시작될 무렵 경매분야에서 한 사이트가 대대적인 오픈을 준비하고 있었다. 미국의 이베이를 많이 참고한 이 사이트의 CEO가 회사의 이름과 도메인을 어떻게 할 것인가로 고민하게 되었다. 당시 경매라는 단어의 영자 표현인 auction이라는 단어는 상당히 낯선 것이기 때문이었다.

일설에 의하면 '차라리 k-bay로 하는 게 어떨까?'라는 의견도 있었지만 결국 이 회사는 도메인을 acution이라는 원래의 영문명으로 정하게 된다. 우리가 익히 잘 아는 경매 사이트 옥션www.acution.co.kr의 시작에 얽힌 에피소드다. 나중에 당시 CEO였던 이금룡 대표는 한 인터뷰에서 '토익800점은 맞아야 외우고 있을 단어라서 고민이 참 많았다'라며 당시를 떠올리며 웃었다고 한다.

Part 5 • 인스타그램 A to Z 직접 해보기

팔로워와 팔로잉
선팔, 맞팔, 언팔

프로필을 성의껏 꾸미고, 이름도 잘 만들었다고 해보자. 여기에 게시물을 올릴 때 유용한 도구인 해시태그의 사용법까지 익혔다면 인스타그램을 위한 최소한의 준비는 한 셈이다. 이제 본격적으로 해야 할 것은 인연을 만드는 것이다. 인스타그램의 가장 큰 재미이자 든든한 자산이 될 친구들을 찾을 차례다. 인스타그램에는 팔로잉^{Following}과 팔로워^{Follower}가 있다. 전자는 내가 누군가와 관계 맺기를 원한다는 의미^{Following}이고 후자는 나를 팔로우하고 싶은 누군가^{Follower}를 뜻한다.

자신의 인스타그램에 어느 정도 콘텐츠를 채워놓고 팔로잉할 사람을 찾는 것도 생각해 볼 수 있겠지만 굳이 그럴 필요는 없다. 인스타그램과 같은 SNS에서 맺어지게 되는 인연들은 완성된 형태가 아니라 관계를 맺어가며 쌓이는 관계이기 때문이다. 내 인스타그램 계정에 아무것도 없다 해도 팔로잉하고 싶은 사람을 찾는다고 뭐랄 사람도 없으니 일단 팔로잉할 사람을 찾아보도록 한다. 또 바뀔 수 있지만, 현재 인스타그램은 팔로잉할 수 있는 숫자를 7,500명으로 제한하고 있다. 아마도 팔로워 숫자가 인기글 등에 영향을 준다는 것 눈치챈 사람들이 마구잡이로 팔로잉하는 것을 방지하려는 조치가 아닐까 짐작된다. 아무래도 자신의 팔로워를 팔로잉할 확률이 높을 것이다. 게시물의 콘텐츠 때문이 아니라 이렇게 무차별적으로 팔로잉하는 사람들의 계정에 팔로워 숫자가 많아지면 인기글들의 게시에 좋지 않은 영향을 주게 된다.

먼저 프로필 화면 하단 메뉴의 '돋보기' 모양의 아이콘이 보일 것이다. 이 버튼은 검색할 수 있는 기능임을 짐작할 수 있는데 이 메뉴를 사용하면 인스타그램에서 내가 원하는 사용자의 아이디나 이름을 검색할 수 있다. 원하는 사용자를 찾았다면 아이디를 누르고, 그 다음 '팔로우' 버튼을 눌러주면 일단 그 이용자와 나는 팔로워 관계가 된 것이다.

내 계정 프로필 사진 오른쪽에 적힌 팔로잉의 숫자가 1로 바뀐 것을 볼 수 있을 것이다. 이렇게 어떤 인스타그램 이용자의 팔로워가 되면 그의 계정에 업로드되는 사진들과 영상들을 받아 볼 수 있다. 관심 있는 연예인이나 브랜드, 매거진 등의 계정을 팔로잉 하면 누구보다 빨리 새로운 소식을 접해볼 수 있다.

인스타그램에서 자주 사용되는 용어 중 팔로우 기능과 관련 있는 것들에는 선팔, 맞팔, 언팔 등이 있다. 팔로우 관계를 지칭하는 단어들인데 선팔은 먼저 선^{先}과 팔로우^{Follow}의 팔의 합성어이다. 자신이 팔로잉하고 싶은 인스타그램 유저의 계정에 먼저 팔로우하는 것을 말한다.

보통은 일방적으로 팔로우를 하기보다는 서로 팔로우 관계를 맺고자 하기 때문에 자신이 팔로잉하고 싶은 사람에게 팔로우를 신청, 선팔하면서 '팔로우를 요청드립니다'라는 댓글을 남기기도 한다. 이렇게 서로 팔로우하는 관계를 맞팔이라고 부른다. 언팔은 팔로우 관계를 해지한다는 뜻인데 영어 접두사 Un과 팔^{Follow}를 합친 단어를 의미한다. 언팔은 선팔했지만 맞팔은 받아들여주지 않는 사람들을 정리하는 행위이기도 하다.

최근에는 언팔하지 않은 유저들을 알려줘서 팔로우를 관리하는 어플도 많이 출시 되었으니 참고하길 바란다.

필자는 강의 때 마다 언팔을 주기적으로 하라고 말하는데 그 이유는 자신의 인스타그램 계정을 건전하게 유지하기 위해서이다. 인스타그램을 마케팅적으로 활용하기 위해서는 팔로워 숫자가 많은 인기 유저가 되는 것도 중요하지만 팔로잉과 팔로워의 균형을 어느 정도 맞추는 것도 중요하다. 영화배우나 유명

스포츠맨, 정치인과 같은 유명인들을 제외한 보통의 사람들이 운영하는 인스타그램 계정은 팔로워와 팔로우 숫자의 균형을 유지할 필요가 있다. 앞서서 말한 것처럼 팔로워는 얼마 되지 않는데 팔로잉만 엄청나게 많은 계정이라면 정상적인 인스타그램 유저가 아니라 마케팅 등의 특정 목적에 의해서 운영되는 계정일 확률이 높다고 보기 때문이다.

이런 계정인 경우 인스타그램의 검색결과를 오염시킬 수 있는 가능성이 있다고 인스타그램 측에서 판단하게 되면 로직의 변경 등을 통해서 제재를 받게 될 확률이 아주 높다고 볼 수 있다. 마치 네이버 검색엔진의 변경으로 인해서 어제의 파워 블로그가 저품질 블로그로 전락한 것처럼 말이다.

읽 을 거 리

남에게 나를 알리는 또 다른 방법, 계정언급하기

정성들여 찍은 사진이 더 많은 팔로워들에게 공개될수록 더 큰 반향이 생기게 될 것은 당연한 일이다. 인스타그램이 팔로워 숫자로 승부가 결정되는 SNS라고 말하는 것은 그런 맥락에서다. 그러므로 팔로우 관계는 더욱 건전하게 유지할 필요가 있다.

이를테면 개그맨 박명수가 인기 가수 GD와 같은 유명인들과 친절한 웃음으로 인증사진을 찍는 이유가 팔로워 숫자를 늘리는 데에 도움을 받기 위해서이다. 이 방법이나 맞팔 신청 말고는 방법이 없을까를 고민하게 됐다. 예를 들어, 평범한 보통 사람이 GD에게 '맞팔 신청요~'라고 한다고 해서 GD가 팔로우를 걸어줄 확률은 거의 없을 것이지 않은가. 이런 현실적인 고민에서 나온 하나의 팁이 바로 계정 언급하기다.

GD가 인스타그램에 사진을 하나 올리면 아마 좋아요나 댓글이 수십, 수백 개씩은 달리겠지만 바쁜 GD가 그것들을 하나하나 다 읽고 팔로우 신청을 하기는 힘들겠지만 그럴 확률을 높일 수 있는 방법이 계정 언급하기이다. 내가 올린 게시물에 팔로우 관계를 갖고 싶은 사람을 언급하면 그 유저에게 알림표시가 된다.

예를 들어 GD와 맞팔 관계가 되고 싶은 사람이 취할 수 있는 방법은 첫 번째, GD의 인스타그램을 팔로우하고 두 번째, '맞팔요~'

라고 맞팔 신청을 한 다음에 세 번째, GD의 사진을 예쁘게 꾸민 후 계정언급까지 하여 그 사실이 GD에게 알려지게 되면 팔로우를 해줄 가능성은 조금이라도 높아질 것이다. 이런 계정 언급하기를 하는 방법은 @를 이용하면 되는데, 해시태그를 다는 것처럼 언급하고자 하는 사람의 이름 앞에 @를 입력하면 된다.

"@GD 샤넬패션쇼 Coool~"

이런 식으로 입력하는 것이다. 단, @와 GD라는 이름은 띄어쓰기를 해서는 안 된다.

세 번째 방법인 계정 언급하기 이외에도 사진을 통한 팁이 있다. 바로 내가 가진 사진에 태그로 사람을 추가하는 방법[24]이다. 맞팔 관계가 되기를 원하는 사람에게 내 사진을 보여주는 방법인데, GD가 관심 가질만한 사진을 만들거나 내가 가진 사진을 선택한 후, 공유화면에서 사람 태그하기를 누르면 맞팔하고 싶은 사람의 이름을 검색해 선택하고 완료를 누르면 된다. 이미 갖고 있던 사진이면 해당 사진으로 이동한 후에 사진 아래에 있는 점 3개짜리 버튼을 클릭하면 사람 태그하기 메뉴가 나오는데 그것을 클릭하면 된다.

---

24) http://instanet.kr/portfolio-item/%EC%82%AC%EC%A7%84%EC%97%90-%ED%83%9C%EA%B7%B8%EB%A1%9C-%EC%82%AC%EB%9E%8C-%EC%B6%94%EA%B0%80%ED%95%98%EA%B8%B0/#toggle-id-1

사진 올리는
방법 및 설정하기

이렇게 팔로잉할 사람들과 첫 번째 관계를 맺었다면 본격적으로 자신의 인스타그램을 꾸며야 한다. 인스타그램에서 가장 중요한 콘텐츠가 바로 이미지와 짧은 동영상이다. 인스타그램에 사진을 올리는 방법과 올릴 이미지들을 보기 좋고 자신의 취향에 맞도록 보정하는 방법을 알아 보도록 하자.

우선 하단 메뉴에서 인스타그램 앱 모양의 아이콘을 눌러보면 '라이브러리'라는 메뉴가 나오고 그것을 누르면 사진첩으로 넘어가게 된다. 그곳에서 올리고 싶은 사진을 찾아 인스타그램 계정에 올리면 된다. 사진이나 동영상도 가능한데 인스타그램에 올릴 수 있는 동영상은 최대 15초 분량으로 제한되어 있으므로 미리 편집해야 한다. 하단 메뉴에 있는 카메라 모양의 메뉴를 누르면 현재 스마트폰으로 찍을 수 있는 사진을 인스타그램에 올릴 수 있다.

한 가지 주의할 점은 인스타그램이 미리 정해놓은 사진 형태가 정사각형이라는 것이다. 간혹 이것을 모르고 사진을 올리다보면 사진이 잘려서 올려지게 되어 어리둥절해 하기 쉽다.

사진을 올리다보면 인스타그램이 기본적으로 제공하고 있는 필터 화면이 나오는데, 마음에 드는 효과를 선택하면 된다. 앱스토어나 구글플레이에서 구할 수 있는 어지간한 사진 보정 앱보다 인스타그램의 기본 필터가 더 낫기 때문에 굳이 돈을 주고 앱을 살 필요는 없다.

이렇게 해서 마음에 드는 사진을 인스타그램에 올릴 준비가 됐다면 이번에는 사진 밑의 공간에 해시태그#를 적어보도록 한다. 인스타그램 마케팅을 하는 동안 항상 사용하게 되는 것이 바로 이 해시태그이기 때문이다. 올린 사진에 함께 나온 사람이 있다면 사람 태그하기를 누르면 되고, 여기가 어디인지 사진의 위치를 표시하고 싶다면 위치 추가를 클릭하면 위치를 지정할 수 있다. 그러면 마지막으로 공유하기를 클릭하면 이미지 업로드 과정이 끝난다. 자신의 인스타그램에 방금 올린 사진이 올라와 있는 것을 볼 수 있을 것이다.

인스타그램
사진기법

인스타그램에서 해시태그보다 중요한 것이 있다면 그건 바로 사진일 것이다. 스마트폰 앱으로 시작된 서비스이다 보니 인스타그램은 단 한 장의 사진으로 강렬한 이미지를 전달해야만 사람들의 눈에 띌 수 있다.

우선 잘 찍은 사진이나 인스타그램에서 인기를 얻은 사진들을 보면서 감을 익힐 필요가 있다. 사진촬영에 천부적인 재능이 있지 않은 보통의 사람들이라면 남의 작품들을 보면서 실력을 키우는 것이 현명한 방법이다. 실제로 사진이나 그림과 같은 이미지들을 활용해서 인기를 끈 마케팅은 인스타그램이 나오기

이전에도 적지 않았다. 이를테면 저작권이 소멸한 옛날 명화들을 활용해 인기를 끌었던 LG전자의 광고가 대표적이고, 클림트의 유명한 사진들을 재해석한 모델의 사진 같은 경우도 많은 사람들로 하여금 호평받기도 했다.

가. 괜찮은 이미지를 만드는 방법들

명화 등을 이용하는 방법

아래의 두 이미지는 유명 작가들의 작품을 약간 변형한 것들이다. 인터넷에는 gif 파일 형식으로 만들어진 이와 같은 이미지들이 많은데 저작권이 이미 소멸한 작품을 이렇게 재창작하는 방법은 법적인 분쟁을 피할 수 있을 뿐만 아니라 원래의 작품이

○ 저작권 소멸 유명 작가의 이미지 재작물창

지니고 있는 인지도를 함께 얻을 수 있다는 장점도 있으므로 인스타그램에 올린 이미지를 어떻게 만들 것인지 고민할 때에 참고하면 좋다.

사진을 변형하는 방법

유명한 명화를 이용하는 방법 말고도 인스타그램에 올리면 주목받을만한 이미지를 만드는 또다른 방법으로는 사진을 약간 변형하는 것이 있다.

왼쪽 사진은 고흐의 너무나 유명한 해바라기에서 해바라기를 피카소가 안고 있는 것처럼 살짝 변형한 것이다. 어떤 사람이 만들었는지는 몰라도 기발하다 재미있다는 평가를 얻고 있다.

또 다른 방법은 기존의 사진을 합치는 방법이다. 오른쪽의 사진은 유머 사이트 등에서 정말 급한 차라는 이름으로 많은 사람들에게 알려진 두 장의 사진을 하나로 합치고 거기에 새로운 코

○ 고흐의 해바라기를 들고 있는 피카소?

몹시 급한 차와
훨씬 더 급한 차 ㅋㅋㅋ

○ 코멘트를 더해 합친 사진

멘트를 달아 변형한 사진이다.

아이디어가 돋보이는 사진

아이디어가 돋보이는 사진도 인터넷에서 언제나 호평받는다. 위의 왼쪽 사진은 공룡 몸통을 그려 넣은 상자 구멍에 고양이가 머리를 집어넣은 장면을 찍은 것인데 공룡과 고양이를 합친 공냥이라는 이름으로 고양이를 좋아하는 사람들에게 특히 좋은 반응을 얻은 사진이다.

○ 공냥이가 나타났다!

○ 혹시 공중부양 중?

위의 사진은 그야말로 아이디어가 반짝이는 사진인데 얼핏 보면 공중 부양 마술을 하고 있는 것처럼 보이는 젊은이를 찍은 사진이다. 어떤 원리에 의해서 저런 공중부양이 가능했을까를 궁금해하던 사람들이 댓글을 읽고는 '아하!'하며 웃었는데 사진의 비밀은 착시현상에 있었다. 단순히 그림자처럼 보일 것 같은 도로에 묻은 물기 위에 천연덕스럽게 서 있을 뿐이다. 이처럼 사람들에게 호평받는 아이디어는 그렇게 거창하지 않아도 된다는 점을 기억할 필요가 있다.

유머 & 페이크 사진

다음 페이지의 이미지는 공냥이만큼이나 돋보이는 아이디어로 사람들을 웃게 한다. 개를 좋아하는 사람이라면 아마 어떤

◉ 죠스만큼 무서운 강아지

종류인지 짐작할 수 있겠지만 사진에 나온 강아지는 맹수처럼 위험하다고 알려진 핏불테리어 종으로 보인다. 아마 핏불 종의 위험성을 영화 죠스의 상어에 빗댄 의도로 읽힌다. 사진을 보면 저절로 뚜~둔 뚜뚜뚜뚜 뚜뚜 뚜~둔 하는 영화배경음악이 떠오르지는 않는가?

아래의 사진은 사람들을 깜빡 속게 하는 전형적인 가짜 사진 Fake Photo이다. 아마 사진 속 남자의 배낭 뒤에 있는 빨간 원을 보면 저절로 뒤에 뭐가 있나?하면서 주의 깊게 들여다보는 사람들이 대부분일 것이다. 그렇다면 오른쪽을 본다면 아마 속았구나하는 생각이 번쩍하고 들 것이다. 이렇게 작은 아이디어로 사람을 웃게 하는 가짜 사진도 많은 사람들에게 호응을 얻을 수 있는 아이디어가 될 수 있다.

다음 페이지의 사진도 역시 가짜 사진인데 참고해보도록 하자. 229페이지의 왼쪽 사진은 두바이의 최고급 호텔로 유명한

◉ 저 뒤에 있는 것은 혹시 귀신?

Part 5 • 인스타그램 A to Z 직접 해보기

○ 다양한 가짜 조작 사진들

부르즈 알 아랍Burj Al Arab 호텔을 배경으로 찍은 셀카다. 사진 위쪽만 보면 영락없는 여행지 인증사진이지만 알고 보면 집에서 찍은 가짜 셀카인 셈이다. 아마 바캉스 시즌에 맞춰 올린다면 한층 호응이 높을 것이라고 생각된다.

위 이미지의 오른쪽 사진은 허세 사진의 전형적인 것으로 당장에라도 바다로 추락할 것만 같은 모습이지만 여인은 너무나 활짝 웃고 있어서 '정말로 담대한 사람이구나'하고 착각하게 하지만 역시 가짜 사진으로 전혀 위험하지 않은 장소에서 촬영된 것이다. 만약 우리나라에서도 저런 사진을 찍을 수 있는 장소를 발견하게 된다면 큰 인기를 끌 수 있을 것이다. 상당한 트래픽과 팔로워를 얻을 수 있지 않을까?

실용적이거나 팁이 되는 사진

인스타그램에 올렸을 때 좋은 평판을 받을 사진 아이디어 중 하나는 실용적인 아이디어에 대한 것이다. 아래의 사진은 인터

여행 사진에서 여행객 지워버리는 방법

1. 삼각대에 카메라를 두고 찍는다.
2. 10초 간격으로 15장 정도의 사진을 찍는다.
3. 포토샵에는 모든 사진을 열고 '파일 → scrips → statistics → median'을 선택하고, 찍은 파일들을 선택한다.
4. 포토샵은 사진에서 다른 부분들을 쉽게 찾아내어 쉽게 지우기만 하면 된다.

넷 커뮤니티에 올라와 '이렇게 유용한 방법이? 정말 된다면 대~박'이라고 호평받았던 사진이다. 관광지 명소를 찍을 때 공통적으로 느끼는 생각이 바로 사람이 없으면 더 멋진 사진을 찍을 수 있을 텐데라는 것인데 어려운 합성기술을 쓸 필요도 없이 포토샵에서 자동실행 된다고 하니 누구나 내려받을만한 사진이 아닐까? 이렇게 유용한 이미지에 인스타그램 계정이나 사람들

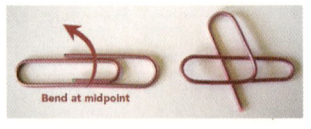

● 하트모양 클립만드는 법

● 하트모양 계란 만드는 법

에게 알리고 싶은 메시지를 간단하게 적어 넣으면 무척 유용할 것이다. 마치 오른쪽 하트 달걀의 덤앤더머스처럼 말이다. 그런데 '인터넷 주소라도 적어놓았으면 더 좋지 않았을까?'하는 아쉬움이 드는 건 필자뿐일까?

감동적인 사진

왼쪽의 사진은 어느 노부부의 모습을 찍은 것인데 커플티처럼 같은 색깔과 디자인의 옷 등쪽에 적힌 글귀가 보는 사람들을 감동하게 한다. 아마도 남편이 치매에 걸린 모양인데 남편이 길을 잃고 헤맬지도 모르는 상황을 걱정한 아내가 남편의 옷에 '내가 길을 잃고 있으면 쟌에게 데려다주세요'라고 썼기 때문이다. 자기 옷에는 '제가 쟌입니다'라고 적어놓은 이 부부에게서 감동하지 않을 수 있을까? 아래서 오른쪽 사진은 흑인청년

● 치매남편을 위한 아내의 마음

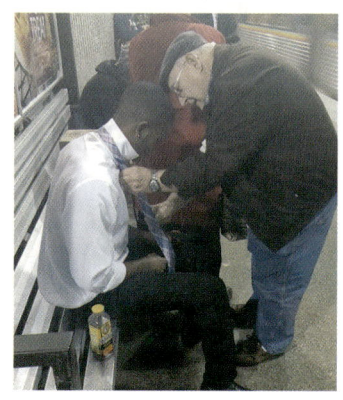

● 손자의 넥타이를 매주는 노인

의 넥타이를 매주는 백인 노인의 모습이 보이는데 보는 사람들로 하여금 많은 생각을 하게 하여 감동을 주었던 사진이다. 아마 흑인청년이 넥타이를 매는 방법을 몰라 애를 먹고 있는 모습을 본 노인이 도움을 주는 장면이었던 것 같다. 차림새를 보면 청년은 아마도 직장을 얻기 위한 면접 차림을 하려고 하던 상황이었던 모양이다. 마치 노인은 청년을 마치 자신의 손자처럼 생각하고 있지는 않았을까?

작품 사진

위에서 살펴본 것처럼 다양한 종류의 이미지들을 살펴봤다. 인스타그램에 올려서 사람들에게 화제가 되고, 좋은 반응을 얻을 수 있는 사진, 이미지를 만드는 데에 유용한 참고자료가 될 것이다.

왼쪽 사진은 유명 사진작가가 찍은 광고 사진으로 호평을 받은 작품이다.

1990년에 촬영된 이 작품은 당대의 슈퍼모델인 신디 크로포드가 럭셔리 브랜드 베르사체의 드레스를 입은 사진이다. 이 사진이 공개되자 언론을 비롯한 많은 사람

● 베르사체 드레스 광고 사진

들은 광고가 아니라 예술이라며 호평을 보내기도 했다. 모방은 창조의 어머니라는 말처럼 이렇게 훌륭한 작품을 자꾸 모방해 보는 것도 좋은 사진을 찍을 수 있는 노하우를 쌓는 방법이 될 수 있다. 이외에도 인스타그램의 사진효과에 대해 잘 정리해 놓은 인터넷 사이트[25]를 참조하는 것도 하나의 방법이 될 수 있다.

나. 비디오 스토리텔링 기법

 인스타그램이 주로 사진이 핵심이 되는 SNS인 것은 사실이지만 동영상이라는 콘텐츠 형태는 이미 사진의 영향력과 거의 대등한 수준에 올라섰다. 유튜브나 아프리카TV, Vimeo, Dailymotion과 같은 동영상 사이트들이 이미 상당한 트래픽을 바탕으로 확실한 수익모델을 세우는데 성공하고 있다.
 그러나 이러한 동영상의 인기가 사진을 전면적으로 대체할 것이라고 보기는 어렵다. 게다가 유튜브 동영상보다 페이스북의 동영상이 더 높은 광고효과가 있다는 주장이 설득력을 얻고 있다. 실제로 페이스북은 자체적인 데이터 분석을 통해서 팔로우 네트워크를 통해서 짧게 노출되는 동영상의 광고효과가 유튜브의 그것보다 높다는 결론을 내렸다고 한다. 이러한 페이스

---
25) http://instanet.kr/2015/06/25/instagram-all-filters/

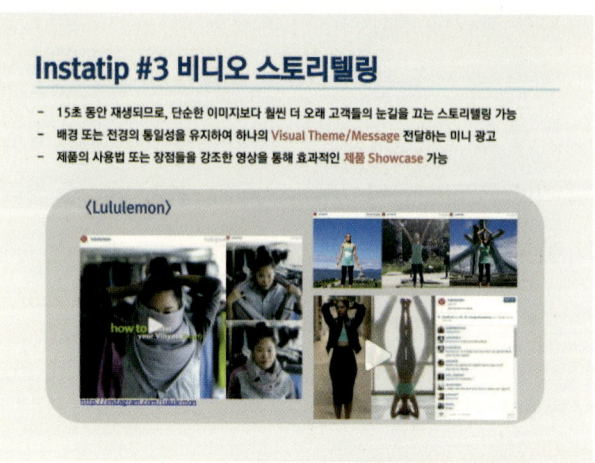

북의 생각은 TV광고를 통해서도 간접적으로 확인할 수 있는데, 충분한 광고효과를 내고 있는 TV광고들의 분량이 30초 미만인 경우가 대부분이라는 사실을 고려해 보면 타당성이 있는 주장이라고 할 수 있다.

실제로 15초 정도면 광고에서 전달할 수 있는 메시지들을 노출시킬 수 있다는 것은 광고업계에서 이미 검증된 사실이기도 하다. 페이스북이나 인스타그램이 허용하는 동영상이 15초밖에 안되지만 이것은 어떻게 만드느냐에 따라서는 광고효과를 나타낼 수 있는 충분한 시간이기도 하다. 문제는 어떻게 이 15초를 잘 활용하느냐에 달린 것인데, 영상과 사진을 해시태그로 묶어 하나의 브랜드 CD처럼 만드는 방법을 생각해 볼 수 있다.

이를테면 미국의 유명 란제리 브랜드인 빅토리아시크릿이 새로운 시즌이 되면 광고 사진촬영을 하고 이 과정을 동영상으로

◦ 그 유명한 빅토리아 시크릿의 런웨이와 #victoriasecret의 검색결과

만들고 있는데 보통 이렇게 촬영한 영상과 사진을 DVD북 등으로 만들어 판매하곤 한다. 이것을 인스타그램으로 옮겨보는 아이디어이다. 이를테면 빅토리아 시크릿 인스타그램 첫 화면에 광고 촬영 동영상이 나오고 그다음 사진들에는 신제품 사진들이 나오도록 하는 것이다. 영상과 사진에 #victoriasecret이나 #victoriasecret2016등의 해시태그로 검색이 가능하도록 태그를 다는 것은 물론이다.

 이렇게 한다면 해시태그를 검색한 사람들에게 빅토리아 시크릿의 2016 F/W 시즌 신제품의 광고 촬영 영상과 제품 사진을 한꺼번에 볼 수 있게 되니까 기존의 DVD북과 흡사하지 않을까 싶다. 이름을 붙인다면 미니 광고 정도가 적당하지 않을까? 누군가는 한번 시도해 볼 만한 아이디어라고 말하고 싶다.

인스타그램
글쓰기의 핵심

이제는 사진과 영상의 홍보 효과가 텍스트를 압도하는 이미지의 시대가 된 것은 부인할 수 없는 사실이지만 여전히 텍스트의 위력은 무시하지 못할 잠재력을 지니고 있다. 오히려 짧고 간결하지만 울림이 있는 텍스트들은 잘 계획된 이미지들과 함께 어우러질 때 폭발적인 반응을 낳게 된다.

생각해보면 기업과 브랜드들이 큰돈을 들여 대중들과 고객들의 뇌리에 심으려고 애를 쓰는 브랜드 메시지들이 바로 텍스트라는 것이다. 이를테면 저 유명한 나이키의 카피 'Just do it'이나 아디다스의 'Impossible is nothing'이 여기에 해당한다. 최근에는 TV 광고를 통해서 자주 접하는 네스프레소의 카피 'What else?'가 있다. 텍스트가 인스타그램에서도 유용하게 쓰일 수 있다는 가능성을 이런 사례들에서 점쳐볼 수 있다. 가장 유력한 사용처는 아마 해시태그가 될 것이다.

가. 해시태그로 글쓰기

제니 홀저의 사례가 극적이기는 하지만 여전히 텍스트는 훌륭한 마케팅 도구가 될 수 있다. 특히 SNS가 일상화된 요즘과 같은 때에 팔로잉 관계에서라면 짧은 텍스트는 신뢰를 더욱 굳게 해주는 촉매제의 역할을 할 수도 있을 것이다.

예를 들어 세상에서 가장 짧은 편지라고 불리는 찰스 디킨스와 출판사 사장의 에피소드가 힌트가 될 수 있을 것 같다. 두 도시 이야기를 출간하고 나서 판매량이 너무나 궁금했던 작가 찰스 디킨스는 출판사 사장에게 편지를 보냈다. 편지에 적힌 글자는 단 한자. ?물음표 였다고 한다.

이신전심의 신뢰관계가 이런 것이라고 증명이라도 하듯, 출판사 사장이 보낸 답장에도 딱 한 글자만 적혀 있었다. 바로 !느낌표였다. 책이 잘 팔리고 있다는 뜻이었다. 'For sale, Baby shoes, Never worn'이라는 여섯 단어로 사람들을 눈물짓게 만든 헤밍웨이 같은 거장이 아니더라도 짧은 텍스트만으로 현대인의 마음을 울리는 것은 가능하다.

몇 해 전, 인터넷 게시판의 재기발랄한 댓글을 올리던 사람이 있었는데 마냥 웃기는 내용만은 아니어서 사람들에게 댓글 시인 혹은 시를 써보라는 권유를 받기도 했다. 그 사람은 몇 년 후 TV에도 출연하는 나름대로 유명인사가 됐는데 그가 바로 SNS 시인이라는 별명으로도 불리는 하상욱 작가다. 대문호가 아니더라도 아직도 텍스트만으로 사람의 마음을 울릴 수 있다는 증거인 셈이기도 하다.

필자는 종종 하상욱 작가의 글을 보면서 '이걸 해시태그로 만들어보면 어떨까?' 하는 생각을 하곤 한다. '#니가필요해내가잘할게라는 태그를 은행 홈페이지의 대출 상품에 걸어보면 어떨까?' 하는 식으로 말이다. '니가 필요해 내가 잘 할게'는 하상욱 시인의 〈돈〉이라는 시의 일부다. SNS 시인도 나왔으니 인스타그램 시인 또는 해시태그 시인이라고 불가능하지는 않을 것 같다.

나. 글쓰기도 마케팅이다

해시태그 시인의 등장을 은근히 기대하는 것과는 별개로 지금도 여전히 텍스트는 마케팅의 무기로 사용되고 있다. 다수의 경쟁자들 사이에서 선택받기 위한 도구로써 텍스트가 유용하기 때문이다.

대표적인 경우가 증권사 리포트와 신문 기사 제목 등이다. 아래 이미지는 한 증권회사에서 펴낸 증권리포트이다. 백화점 업계를 담당하는 유안타 증권의 한 애널리스트가 투자자들에게 배포하는 현대백화점에 대한 리포트를 내면서 제목을 '잘 되냐 묻거든 괜찮다고 전해라'라고 달았는데 이것을 누군가 캡쳐해 인터넷에 올린 이미지이다.

주식시장이 장기 침체에 빠지면서 어떻게 해서든 한명의 고객이라도 더 끌어오기 위해서 많은 아이디어를 짜내고 있는데 애널리스트들도 예외는 아니어서 자신들의 분석 리포트가 주목을 받게 하기 위해서 참신하고 기발한 제목을 사용하는 경우가 많아졌기 때문이다.[26]

이렇게 누군가의 눈에 잘 띄도록 글을 쓰는 일의 전문가들은

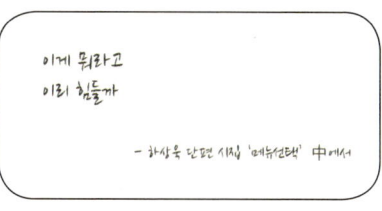

○ 주목받게 만드는 텍스트의 힘

신문사 기자들이 대표적이다. 아침에 배달되는 조간신문은 잠자리에서 일어나 식사하는 사이에 독자의 눈에 띄어야 하기 때문이다. 눈에 들어오는 제목이 있어도 출근이 바빠서 기사 내용을 제대로 읽지 못하는 경우가 많으므로 신문 기사들은 역逆 피라미드식 글쓰기라는 방식으로 기사를 쓴다.

독자들의 이목을 기사 제목으로 사로잡고, 중간 제목을 훑어보게 만드는 동안 '제대로 읽어봐야겠구나'하는 생각을 갖게 하는 방법이 바로 역피라미드식 글쓰기이기 때문이다. 독자들이 시간이 없으므로 기사를 모두 읽는 것이 현실적으로 어렵다는 상황에 적응하기 위한 글쓰기 방법이 역 피라미드식 글쓰기인 셈이다. 지극히 마케팅적인 목적을 가진 글쓰기가 바로 신문기자들의 글쓰기이다. 따라서 이 역피라미드식 기사의 특징은 첫 부분에 기사 전체의 내용을 다 알 수 있도록 쓰여 있다.

인스타그램 마케팅에 텍스트가 필요한 상황은 생긴다. 전달하고자 하는 메시지를 보다 명확히 하고 싶은 마음이 생기기 때문이다. 이럴 때 올릴 이미지에 텍스트를 적는 방법도 괜찮은 아이디어이다.

역 피라미드식 글쓰기나 하상욱 시인의 글처럼 혹은 나이키나 아디다스, 네스프레소의 카피처럼 쓰는 것이 좋은 참고가 될 수 있다. 이를테면 2차 세계대전 중 독일공군의 지독한 폭격을

---

26) http://biz.chosun.com/site/data/html_dir/2016/01/04/2016010402417.html

◦ 이제는 스타일이 된, 독일군의 공습을 견디게 해준 한 마디

묵묵히 견뎌야 했던 런던 시민을 위로했던 포스터가 참조되지 않을까?

읽 | 을 | 거 | 리

미술가인 그녀의 무기는
글 한 줄이었다

현란한 광고판과 네온사인이 현대 문명과 풍요롭고 환락스럽기까지 한 도시문명을 지배하기 시작하던 1985년, 뉴욕 한복판 타임스퀘어 전광판에 등장한 'Protect me from what I want,내가 원하는 것으로부터 날 지켜줘.'라는 한 줄의 문장으로 제니 홀저는 단박에 스타 작가가 됐다. 한 신문은 이 일을 뉴요커들이 발걸음을 멈추고 숨을 고르며 삭막한 도시 생활에 지친 내면을 들여다봤다.

정보전달의 도구에 불과했던 전광판을 공공미술의 장場이자 성찰과 사색의 도구로 변모시켰다[27]라고 말했다. '촌철살인寸鐵殺人의 아티스트'라고 불리는 제니 홀저Holzer는 미술작가로 베니스비엔날

◎ 이미지 만능시대를 관통하고 있는 텍스터, 제니 홀저의 작품

레 황금사자상을 받았고, 독일 국회의사당, 뉴욕 월드트레이드센터 등 세계 곳곳의 가장 유명한 장소에 그녀의 호소력 있는 문장을 빛으로 쏘아 보내는 텍스터^{Texter}이기도 하다.

어쩌면 텍스트가 더 이상 필요 없어졌기 때문이 아니라 너무나 많은 말을 하므로 이미지의 뒤편으로 자리를 물려준 것이 아닐까 하고 생각하게 된다.

27) http://news.chosun.com/site/data/html_dir/2011/09/19/2011091902266.html?newsplus

케이스
스터디

얼쑤와 함께하는
인스타그램 마케팅 워크숍

   # 

온라인 마케팅 강사가 오프라인 매장을 열게 된 이유

진수 씨도 놀란 앰부시 마케팅, 진수 씨 맥주 사주세요

케 · 이 · 스 · 스 · 터 · 디

온라인 마케팅 강사가
오프라인 매장을 열게 된 이유

우스갯소리로 경영학 원론의 첫 수업에서 하는 얘기는 경영학이 학문^{Art}이냐 아니냐에 대한 것이다. 이 문제에 대해서 학교마다 입장이 다른데 어떤 학교에서는 경영학도 학문이라고 생각하는 반면, 다른 학교들에서는 경영학은 학문이 아니라 테크놀로지다라고 본다. 마케팅이라는 분야에 대해서도 마찬가지다.

어떤 쪽이 맞는지는 사실 마케팅 전문가인 필자는 별 관심이 없다. 적어도 필자가 경험해 알고 있고 현장에서 체감하고 있는 마케팅은 끊임없이 변화하기 때문이다. 어떤 때에는 지독하게 현실과 동떨어진 책 속에나 존재할 법한 학문처럼 생각되기도 하지만 대부분은 마치 살아 움직이는 동물처럼 꿈틀대는 생동감 있는 존재가 시장이므로 마케팅이 학문이건 테크놀로지건 상관할 필요를 느끼지 못한다. 분명한 사실은 시장과 동떨어진

케이스 스터디 ● 얼쑤와 함께하는 인스타그램 마케팅 워크숍

순간 마케팅은 이미 죽은 것이나 다름없다. 시장과 함께 살아 숨쉬지 못하는 마케팅은 아무런 소용이 없다.

그래서 마케팅은 이론에 치중하는 학문은 아니다. 마케팅은 늘 진화하며 항상 새로워야 하고 소비자를 먼저 읽을 수 있어야 한다. 수많은 학문 중에 ing가 들어있는 과목이 거의 없는데 유독 마케팅만은 '마켓Market이 ing하고 있다'는 현재 진행형의 단어로 표현되는 이유가 거기에 있다.

특히 필자가 몸담은 온라인 마케팅의 변화란 그 빠르기가 오프라인의 그것과는 비교할 수 없을 정도로 천변만화가 일어나는 곳이다. 해서 지엽적이고 세분된 이론에 탐닉하기 보다는 가장 기본이 되고 핵심적인 이론적 뼈대를 바탕으로 물 흐르는 것처럼 순발력 있게 변화하는 상황에 적응해 나가는 것이 인터넷 마케터의 본분이라고 생각한다.

일대일 상담이나 대중 강의 등을 통해서 수많은 기업과 개인, 단체들에 온라인 마케팅에 대한 조언과 컨설팅을 하면서 직접 실험해보고 싶다는 강한 욕구를 느끼게 됐다. 필자만이 갖고 있는 이론들이 오프라인의 현실 매장에서 얼마나 통하는지 확인해보고 싶었다.

온라인 마케팅 강의를 하다 보면 현실은 매우 냉정하고 차갑다. 규모의 차이가 있기는 하지만 강의를 듣는 분들이나 일대일 컨설팅을 요청하는 분들은 실제로 현장에서 마케팅의 현실과 직접 맞닥뜨리고 있어서 필자의 조언과 컨설팅에 대해서 거침

없이 반박하시곤 한다.

제아무리 이론적 틀이 탄탄하고, 간접적인 경험이 풍부하더라도 직접 느낀 것과는 차이가 있을 수밖에 없었기 때문에 그분들의 의견에 반박하지 못했던 부분들이 많이 있다. 평소의 바람이기도 했지만, 필자의 고객들과 눈높이를 맞추고, 소통하기 위해서 직접 오프라인을 경험해 봐야겠다는 결심을 내리게 됐다. 일종의 프로젝트 숍 개념이 적용된 셈이다. 필자가 직접 매장을 운영하면서 느끼고, 체험하는 과정에서 이론을 직접 검증해볼 수 있고 가다듬을 수 있으리라고 믿었기 때문이다. 물론 강의에서 생생한 사례로 쓸 수 있다는 점도 작용했음은 물론이다.

스텝 1. 1~20대 위주의 상권, 안양 1번가 분석

처음에는 치킨과 피자를 파는 매장으로 운영하려고 했으나, 실제 공사 전에 매장 콘셉트를 전격적으로 변경하게 됐다. 새로운 콘셉트는 중식 미들비어였다. 치킨과 피자를 판매하는 콘셉트는 아이덴티티가 명확하지 않다는 점이 걸렸기 때문이다. 최근 유행하는 스몰비어 미들 비어 콘셉트를 중식에 접목시키겠다는 명확한 콘셉트를 다시 정립하고 매장을 오픈하게 됐다.

오프라인 매장을 안양에 차리게 된 이유는 거주지 인근이라는 이유가 가장 컸고 두 번째는 안양1번가라는 상권이 수도권

◦ 필자의 오프라인 숍 공식 인스타그램

　의 많은 상권 중에서도 1·20대의 젊은이들이 주를 이루는 대표적인 상권이기 때문이었다. 인스타그램이나 인터넷 마케팅을 시도해 보기에는 최적의 장소인 셈이었다.

스텝 2. 타겟팅에 성공한 인스타그램 마케팅

　매장이 위치한 상권의 특성이 10~20대 젊은이들 위주였던 만큼 홍콩비어의 인터넷 마케팅 활동에서 가장 중심을 둘 마케

● 안양맛집 인기 게시물에 3개씩 걸린 홍콩비어

● 인기 게시물에 노출된 것은 대만 망고맥주 아이템

팅 툴은 인스타그램이 적합했다. 페이스북보다 젊고, 여성이 많은 인스타그램 유저의 특징과 이 상권의 특징이 일치했기 때문이다.

일단 홍콩비어$^{hongkong\_gaza}$라는 인스타 계정을 만들었다. 현재 이 인스타그램 계정의 팔로워 숫자는 4천 명[4k] 정도인데 이들 팔로워가 홍콩비어가 고객들과 소통하는 채널로 활용됐다. 위에 첨부한 사진에서 볼 수 있는 것처럼 #안양맛집으로 인스타그램에서 검색했을 경우 홍콩비어 계정이 제일 위에 뜨는 것을 볼 수 있다. 4천 명이라는 팔로워 숫자가 결코 많은 것은 아니지만 이 정도의 팔로워로도 인기 게시물 최상단을 차지할 수 있다는 것을 실제로 입증한 셈이다.

 필자는 매장과 관련된 인스타그램 계정을 두 개 운영하는데 복수의 계정을 운영하는 것을 허용하고 있는 인스타그램의 운영정책을 최대한 활용하기 위해서였다. 개인 계정과 가게 계정을 따로 만들어 운영 중인데 아무래도 가게의 계정은 개인계정보다는 팔로워를 확보하는 것이나 좋아요를 얻는 것이 쉽지는 않다는 사실 역시 확인할 수 있었다.

 사람들이 생각할 때, 장사 목적이라는 선입견을 해소할 수 없었던 것이 가장 큰 원인일 것으로 짐작된다. 다만, 아무런 설명도 없이 메뉴사진만을 올려놓아도 이를 마케팅적으로 활용하고 싶다는 여러 외식 브랜드들의 문의가 이어지고 있기 때문에 꾸준히 운영한다면 좋은 효과를 볼 수 있을 것으로 보인다.

 옆페이지의 홍콩비어 인스타그램 계정 사진을 자세히 보면 안양맛집 이외에도 안양일번가맛집이라는 해시태그를 통해서도 인기게시물에 세 개의 홍콩비어가 걸려있는 것을 볼 수 있다. 매장을 운영하면서 느끼는 인스타그램 마케팅에서 가장 효과가 좋은 공간은 이 인기 게시물 영역이었다. 여기에 걸린 사진을 보고 찾아온 손님들이 가장 많았기 때문이다. 빈도를 따진다면 대략 일주일에 3~5팀 정도가 인스타그램을 보고 들어왔던 것 같다.

 필자가 이러한 과정에서 씁쓸하게 느꼈던 부분은 안양1번가

상권의 주 이용계층인 10대 청소년들이 홍콩비어를 이용할 수 없다는 점이었다. 최초의 콘셉트대로 '치킨과 피자를 판매하는 매장을 열었다면 인스타그램을 통해서 더욱 더 많은 효과를 거둘 수 있었겠구나' 하는 점이 못내 아쉽기는 했다. 이론과 현실의 괴리는 생각보다는 컸다.

여기서 재미있었던 점은 안양맛집과 안양일번가라는 해시태그를 검색할 경우 홍콩비어 계정의 사진이 각각 세 장씩 들어가 있다는 것인데, 이것은 복수의 계정을 운영하고 있었기 때문에 가능하다는 점이다. 한 개의 계정만으로는 아무리 조회 수가 높은 해시태그라고 하더라도 인기 게시물에 세 장의 사진이 올라갈 수 없기 때문이다. 한 장만 게재가 가능하다고 보면 된다. 필자처럼 개인과 가게의 이름으로 분리, 운영하는 것을 적극적으로 권하고 싶다.

스텝 3. 인스타그램을 통한 실시간 리마케팅

앞의 사진을 자세하게 보면 각각의 해시태그로 올라온 홍콩비어의 사진이 모두 동일하다는 것을 알 수 있다. 해시태그는 약간씩 다르지만 사람들이 관심을 갖는 것은 동일하기 때문이다. 그런데 주목할 점은 저 3장의 사진이다. 시중에서 쉽게 볼 수 있는 평범한 맥주가 아니라는 것을 눈치채셨을 것이다. 사진

● 연예인 이승기 덕분에 명소가 된 장소

속 맥주는 대만의 망고맥주인데 tvN 인기 프로그램인 〈꽃보다 할배〉나 기타 여러 TV 드라마들이 최근 대만을 배경으로 촬영하는 경우가 많았는데, 이러한 TV 노출을 통해서 사람들에게 대만이라는 키워드가 자연스럽게 파고 들어가는 중이라는 사실을 짐작할 수 있는 대목이다.

다른 매장에서 쉽게 볼 수 없는 대만의 망고맥주가 인기 게시물을 통해서 지속적으로 노출되자 반응이 나타나기 시작했다. 인스타그램을 보고 홍콩비어를 방문하는 대부분의 사람들이 망고맥주를 주문했다.

　필자는 이것을 또 하나의 리마케팅 계기로 삼았다. 인스타그램을 통해서 방문한 손님들이 망고맥주를 마시면 양해를 구하고 그 모습을 사진에 담아 홍콩 비어 계정에 올렸다. 물론 그 손님들께도 인스타그램에 올려주시라는 부탁도 빼놓지 않았다. 대부분 흔쾌히 자신들의 인스타그램에 망고맥주를 마시는 사진을 올려주었고 즉석에서 그 사실을 확인할 수 있으므로 필자 역시 그분들에게 서비스를 제공하는 식으로 즉각적인 추가 응대가 가능했다. 손님들 처지에서도 어려운 부탁이 아니라 술자리의 분위기상 쉽게 들어주는 편인데 그 대가로 서비스까지 받게 되니 손님들의 만족도는 더욱 높아지는 일석이조의 효과를 거둘 수 있었다. '고객을 우리의 영업사원으로 만들자'라는 말은 필자가 항상 강의때 하는 말중에 하나인데 인스타그램을 통한 마케팅으로도 충분히 가능하다는 사실을 새삼 확인할 수 있었다. 여기서 생각해 볼 점은 '만약 보기 드문 망고 맥주'가 아니라 중국의 칭따오 맥주였다면 그만큼의 반응이 있었을까?'하는 것이다. 아마 그렇지 않았을 것이다.

인스타그램이라는 SNS의 특성 때문인데 사람들이 인스타그램에서 기대하는 것은 무언가 새로운 것이기 때문이다. 남들이 맛보지 못한 것, 먹어보지 못한 메뉴에 대해 인스타그램 유저들은 열광한다는 점이다. 짭짤한 맛이 아닌 달콤한 감자칩이라는 색다른 맛에 열광한 셀러브리티들이 너도나도 자신의 인스타그램에 허니버터칩 인증사진을 올리면서 〈허니버터칩〉 열풍이 불기 시작했다는 사실을 다시 한 번 확인할 수 있었다.

홍콩비어를 운영하면서 또 한 가지 확신을 갖게 된 점은 사진의 중요성이다. 인스타그램 유저가 아니더라도 이제는 사람들이 원하는 음식은 맛과 푸짐함 뿐만 아니라 멋도 중요한 요소가 됐다는 것이다. 그림처럼 예쁜 메뉴가 아무렇게나 담긴 푸짐한 음식보다 더 좋은 반응을 얻는 시대가 요즘이다. 홍콩비어 매장에 사진을 잘 찍을 수 있도록 고급 조명을 설치해 둔 이유도 그 이유에서이다. 그래야 손님들이 한 장이라도 더 많은 사진을 찍을 것이고 인스타그램에 올라오는 홍콩비어 매장이나 메뉴 사진도 한 장이라도 더 많아질 테니까 말이다. 만약 음식점이 아닌 매장이나 학원 등의 업종이라면? 아예 포토존을 만들어 보는 건 어떨까? 홍대 트릭아트나 이화동 벽화마을처럼 말이다. 옆구리를 찌르지 않아도 고객이 알아서 홍보해 줄 수 있는 게 가장 좋은 입소문 마케팅이 아닐까?

케·이·스·스·터·디

진수 씨도 놀란 앰부시 마케팅,
진수 씨, 맥주 사주세요

잠시 기억을 오래전으로 되돌려 보자. 뜨거웠던 2002년, 기적과 같았던 월드컵 4강 신화로 대한민국이 열광의 도가니에 푹 빠져 있었던 때였다. 다들 새삼스러울 그때의 선명한 기억 중에 어떤 것이 떠오르시는지? 안정환의 반지 키스도 있을 것이고, 승부차기를 막아내고 4강행을 결정했던 이운재의 결정적 선방도 기억날 것이다. 아마 "대~한민국 짝짝짝 짝짝"이라는 구호도 생각날 것이다. 대한민국 대표팀 경기의 모든 순간에 이 "대~한민국 짝짝짝 짝짝"이 있었기 때문이었다.

필자의 한 지인은 2002년 월드컵이 끝나고 얼마 되지 않아 파리에 갔을 때를 종종 얘기하곤 한다. 파리 드골공항에 도착한 새벽 비행기에서 내려 입국 심사를 받으러 갔을 때 잔뜩 눈이 부은 까칠한 표정으로 스탬프를 찍어주던 심사관이 지인이 내

케이스 스터디 ● 얼쑤와 함께하는 인스타그램 마케팅 워크숍

민 여권을 보더니 갑자기 "대~한민국"하면서 박수를 치더란다. 파리 출장이 잦았던 지인은 새벽에 도착할 때마다 입국심사관의 눈치 아닌 눈치를 보며 마음을 졸이기 일쑤였는데 그날만큼은 한마음 한뜻이었던 것 같다고 당시를 기억한다.

그런데 재미있는 것은 이 "대~한민국"하는 구호가 어디에서 시작된 것인지 정확히 아는 사람이 드물다는 것이다. 대부분 '광고였어요?'라고 묻기 일쑤인데 이 구호는 SK텔레콤의 TV 광고에서 한석규가 했던 동작과 구호였다. SKT가 워낙에 이 TV 광고를 대대적으로 내보냈던 덕분에 사람들의 뇌리 속에 깊게 각인이 됐고, 우리 대표팀의 선전이 계속될 때마다 이 구호가 더욱 널리 퍼져나갔다.

그런데 정작 놀라운 사실은 따로 있다. 2002년 한일 월드컵의 공식 스폰서가 SK텔레콤이 아니라 KT였다는 사실이다. 막대한 돈을 주고 공식 스폰서를 따냈지만 아무도 KT가 공식스폰서였다는 사실을 기억하지 못했다. 뿐만 아니라 KT가 어떤 광고를 했었는지는 도무지 기억하는 사람을 찾을 수가 없었다. KT의 마케팅 담당자로서는 기가 막히고 코가 막힐 노릇이겠지만 SK텔레콤의 "대~한민국 짝짝짝 짝짝"이라는 광고캠페인이 너무나 성공적이었기 때문에 KT의 마케팅은 그야말로 땅에 처박힌 신세가 될 수밖에 없었다.

그런데 SK텔레콤의 이런 광고를 마케팅 용어로 앰부시 마케팅$_{\text{Ambush Marketing}}$이라고 한다. 매복이라는 뜻의 영어 단어인 앰부시^{Ambush}로 표현한 이유는 일종의 편법이기 때문이다. 앰부시 마케팅의 사전적인 의미는 스포츠 이벤트에서 공식적인 후원업체가 아니면서도 광고 문구 등을 통해 올림픽과 관련이 있는 업체라는 인상을 주어 고객의 시선을 그러모으는 판촉전략이다. KT에 밀려 SK텔레콤이 공식 스폰서는 놓쳤지만 2002년 한일 월드컵이라는 빅 스포츠 이벤트를 컵 마케팅에 활용하기 위해서 실행한 프로모션 캠페인이 바로 "대~한민국 짝짝짝 짝짝"이라는 구호였다. 갑자기 난데없이 십 년도 훨씬 지난 한일 월드컵의 이야기를 꺼낸 이유가 있다. 혹시 얼마 전 길거리의 광고판이나 포털 사이트 배너에 등장한 이런 사진을 본 기억이 있으신지 해서다.

1990년대 말 갑자기 서울 곳곳에 붙은 '선영아 사랑해'라는 광고가 붙었다. 난데없이 붙은 이 광고 때문에 많은 사람들이 궁금해 했다. 이 궁금증이 하도 장안의 화제가 돼서 '도대체 선영이가 얼마나 예쁘기에 이러나?'라는 사람도 있었고 '누군지 빨리 말 좀 해줘라'라고 답답해하는 사람도 있었다고 한다. 이렇게 사람들을 궁금해서 안달이 나도록 하는 광고를 티저^{Teaser} 광고라고 한다.

이 해프닝이 절정에 치달을 즈음 한 유명 언론의 기사는 자신의 블로그에다 '마포에 입후보한 배선영 후보'라고 포스트를 썼다가 불과 한 두 시간 만에 글을 내리기도 했다. 당시 지방선거가 시작하던 무렵이라 서울 마포지역에 입후보한 후보 중에 선

○ 필자의 앰부시 마케팅 첫 번째 단계

영이라는 사람이 있었는데 이 후보가 자신을 알리기 위해 광고를 붙였다고 주장했었다.

그런데 기자가 그 포스트를 내릴 수밖에 없었던 이유는 배선영 후보의 선거구가 아닌 곳에도 이 광고가 붙어 있었기 때문이었다. 결국 블로그 독자들의 지적을 받고 그 기자는 사과와 함께 포스트를 내리게 됐다.

마케팅 전문가 입장에서 볼 때 이 희대의 티저 광고는 여러 모로 아쉬웠던 것이 사실이다. 이는 마이클럽www.miclub.com이라는 여성 포털 사이트의 런칭 광고였는데, 화제가 됐던 것에 비해서 광고주였던 마이클럽의 인지도는 그리 높아지지 못했기 때문이다. 포털 사이트에 myclub으로 검색하는 사람들이 훨씬 많았기 때문이다. '선영아 사랑해'라는 광고가 어떤 브랜드인지 확실하게 전달되지 못했다는 점에서 실패에 가까운 티저 광고가 될 수밖에 없었다.

그런데 얼마 전, 시내 곳곳에 '진수 씨, 맥주 사주세요'라는 광고가 나붙어서 '또 한 번 티저 광고인가?'라는 궁금증을 자아내게 만들었다. 이번에는 포털 사이트를 비롯한 다양한 온라인 공간에서도 동시에 진행됐다. 어떤 광고인지를 짐작할 수 있는 단서라고는 '진수 씨, 맥주 사주세요'라는 멘트뿐이었다.

진수 씨라는 친숙한 이름만이 힌트처럼 보였다. 이 광고를 본 지인이 필자에게 연락을 해왔다. '네가 이 광고를 다 한 거야?'라는 전화를 받고 알아보니 타임스퀘어를 비롯한 시내 곳곳에 저 광고가 붙기 시작했다는 것을 알게 됐다.

필자는 광고를 보자마자 앰부시 마케팅 아이디어를 떠올렸고, 즉시 실행에 옮겼다. 필자가 운영중인 홍콩비어에서도 맥주를 팔고 있었고 우연의 일치이겠지만 필자의 이름

○ 두 번째 단계, 네이버 검색 상단 노출

케이스 스터디 ● 얼쑤와 함께하는 인스타그램 마케팅 워크숍

역시 진수였기 때문이었다. '이야~대단한 우연인 걸'하고 감탄만 하다가는 광고를 기획했던 사람들이 나머지 광고를 진행하게 되면 필자가 이 광고를 활용할 타이밍을 놓칠 수밖에 없는 상황이었기에 망설일 시간이 없었다.

운영하고 있던 네이버 블로그를 통해서 즉각 앰부시 마케팅을 실행에 옮겼다. '진수 씨, 맥주 사주세요'라는 검색어를 사람들이 검색할 것이기에 이 검색결과에 필자의 블로그가 상단에 뜨도록 만들었던 것이다. 아래의 사진은 당시의 네이버 검색 결과 화면이다.

광고를 궁금해 하는 사람들이 '진수 씨, 맥주 사주세요' 라고 검색할 것이기 때문에 네이버 검색결과에 필자의 블로그가 가장 상단에 뜰 수 있도록 했다. 블로그 강사이기도한 필자는 기회를 놓치지 않고 블로그를 통한 홍보를 진행했고, 그 결과 블로그 방문자 수가 급증하기 시작했으며, 연관검색어에 홍콩비어가 걸리기 시작했다.

앞뒤 정황을 알 리가 없는 사람들은 네이버에 '진수 씨, 맥주

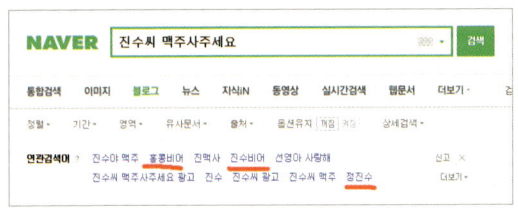

○ 앰부시 마케팅 세 번째 단계, 연관검색어

사주세요'라고 검색할 테고 검색결과에서 나오는 저 결과를 믿
게 됐기 때문이다. 한 지인도 이런 예상대로 네이버 검색을 해
보고는 필자에게 전화를 걸어 '너 돈 많이 벌었구나. 저 많은 광
고를 하는데 돈 많이 썼겠네'라면서 오랜 안부를 묻기도 했다.
검색 상단에 노출된 필자의 블로그를 클릭하면 필자의 강사 이
력과 함께 홍콩비어를 운영 중이라는 내용이 나오도록 포스트
내용도 즉시 수정했다. 필자의 블로그를 열어본 사람이라면 광
고 속의 진수 씨가 정진수라고 생각할 것이고, 필자의 이름을
검색하게 되면 자연스럽게 홍콩비어를 접하게 될 것이다.

그 결과, 연관검색어에 홍콩비어가 걸리게 됐다. 네이버 블로
그 뿐만 아니라 홍콩비어의 인스타그램 계정에도 많은 분들이
방문해주셨다. 불과 하루 이틀 만에 일어난 일이지만 필자와 홍
콩비어에는 큰 도움이 되는 마케팅이었다는 사실은 분명하다.
아마 이 티저 마케팅을 기획했던 담당자분들에게 '항의 메일을
받지 않을까?' 하는 걱정도 슬그머니 들었던 것이 사실이다. 본

○ 진수씨 맥주사주세요 포스팅 후 정진
수 블로그 일방문자수 검색유입 통계

케이스 스터디 ● 얼쑤와 함께하는 인스타그램 마케팅 워크숍

○ 필자의 앰부시 마케팅으로 인한 키워드 정진수 조회수의 갑작스러운 증가

인들이 알리고자 했던 브랜드나 제품이 아니라 전혀 엉뚱한 필자가 톡톡한 광고효과를 얻었으니 말이다.

강의할 때나 일대일 컨설팅을 할 때 필자가 자주 반복하는 말이 몇 가지 있다. 그중 하나가 "들은 것은 잊어버리고, 본 것은 기억하고, 직접 해본 것은 이해한다"는 것이다. 필자가 아무리 경험에서 우러난 조언과 컨설팅을 한다 해도 직접 해보면서 얻게 되는 것에 비할 수는 없다.

예외적인 경우이기는 하지만 '진수 씨, 맥주 사주세요'같은 앰부시 마케팅과 같은 아이디어들을 직접 실행해 볼 기회가 언젠가는 있다. 해보지 않으면 이해하지 못하고, 기억에서 사라져 버린다는 사실을 기억했으면 한다.

오프라인 마케팅에서는 규모와 자금의 경쟁에서 소규모 업체나 개인들이 승리하는 것이 매우 어렵지만, 인터넷에서는 다를 수 있다. 필자가 좋아하고 자주하는 또 다른 말은 '온라인은 큰 것이 작은 것을 잡아먹는 것이 아니라, 빠른 것이 느린 것을 잡

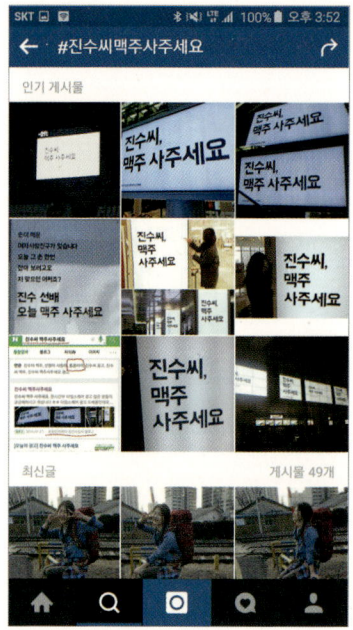

● 인스타그램에서도 검색 Go Go!

아먹는 것이다'이다. 방향만 정확하게 잡고 있다면 속도가 가장 중요하다. 인스타그램이라는 인터넷 마케팅의 방향은 이미 올바르게 잡았다. 이 책을 읽고 있다면 말이다. 그러므로 이제는 속도가 중요하다. 무언가 떠올랐다면 즉각 실행에 옮겨 보길 바란다.

　아무것도 하지 않으니 아무 일도 일어나지 않는다고 하지 않는가? 필자가 좋아하는 또 다른 말로 아쉽지만 이 책은 여기서 매듭지으려고 한다.

　"온라인에서 보이지 않는 것은 존재하지 않는 것이다."

　부디 독자분들은 인스타그램이라는 새로운 SNS를 통해 큰 비용을 들이지 않으면서도 훌륭한 효과를 얻을 수 있다는 필자의 확신을 직접 체험으로 이해하실 수 있기를 진심으로 바란다.

참 | 고 | 문 | 헌

- 《혼자서도 할 수 있는 블로그 마케팅》, 유성철, 앤써북
- 《블로그 마케팅》, 박미애, 정보문화사
- 《블로그컨설팅》, 오종현, e비즈북스
- 《모바일 SNS 마케팅》, 경호빈, 행간
- 《프로들의 홍보노트》, 프레인, 청년정신

- http://www.dispatch.co.kr/370515
- http://plus.hankyung.com/apps/newsinside.view?aid=201506231112A&category=AA006&isSocialNetworkingService=yes
- http://www.venturesquare.net/585452
- http://www.hankyung.com/news/app/newsview.php?aid=201512148180v&intype=1
- http://ebizstory.com/696
- http://news.joins.com/article/19235187
- http://www.zdnet.co.kr/news/news_view.asp?artice_id=20150114175032&lo =zv41
- http://post.mk.co.kr/archives/24557
- http://news.chosun.com/site/data/html_dir/2015/10/02/2015100202536.html
- http://biz.chosun.com/site/data/html_dir/2015/03/08/2015030802830.html
- http://news.chosun.com/site/data/html_dir/2016/01/26/2016012601368.html
- http://m.ujnews.co.kr/news/articleView.html?idxno=250690

- http://okfashion.co.kr/detail.php?number=42177&thread=81r01r11
- http://www.hankyung.com/news/app/newsview.php?aid=2015062633981
- http://investor.fb.com/releasedetail.cfm?ReleaseID=952040
- http://www.huffingtonpost.kr/2016/01/27/story_n_9085924.html?utm_hp_ref =kr-business
- http://www.hankyung.com/news/app/newsview.php?aid=201602028473b
- http://biz.chosun.com/site/data/html_dir/2011/09/23/2011092301126.html
- http://www.huffingtonpost.kr/sehoi-park/story_b_8607532.html
- http://www.ittoday.co.kr/news/articleView.html?idxno=53512
- http://infolab.stanford.edu/~backrub/google.html
- http://blog.instagram.com/post/17674993957/instagram-tips-using-hashtags
- http://instanet.kr/portfolio-item/%EC%82%AC%EC%A7%84%EC%97%90-%ED%83%9C%EA%B7%B8%EB%A1%9C-%EC%82%AC%EB%9E%8C-%EC%B6%94%EA%B0%80%ED%95%98%EA%B8%B0/#toggle-id-1
- http://instanet.kr/2015/06/25/instagram-all-filters/
- http://news.chosun.com/site/data/html_dir/2011/09/19/2011091902266.html?newsplus
- http://biz.chosun.com/site/data/html_dir/2016/01/04/2016010402417.html

인스타그램으로 SNS마케팅을 선점하라

초판 1쇄 발행 2016년 5월 3일
초판 10쇄 발행 2018년 6월 15일

지은이 정진수
펴낸이 나성원
펴낸곳 나비의활주로

기획편집 유지은
본문디자인 나준희
표지디자인 ALL DESIGN GROUP

주소 서울시 강북구 삼양로 85길, 36
전화 070-7643-7272
팩스 02-6499-0595
전자우편 butterflyrun@naver.com
출판등록 제2010-000138호
상표등록 40-2017-95961

ISBN 978-89-97234-73-8   13320

※ 이 책은 저작권법에 따라 보호받는 저작물이므로 무단 전제와 무단 복제를 금지하며,
   이 책의 내용을 전부 또는 일부를 이용하려면 반드시 저작권자와
   도서출판 나비의활주로의 서면 동의를 받아야 합니다.

※ 잘못된 책은 바꿔 드립니다.
※ 책값은 뒤표지에 있습니다.